J. HANNEZO

En Mer

Quelques Souvenirs de jeunesse

IMPRIMERIE LIÉVENS, BELLÊME (ORNE)

1913

hommage
J. Hanner

A l'amitié de mes vieux camarades,
A la mémoire de ceux, hélas ! trop nombreux,
qui ont disparu,
je dédie ces pages, notes de voyages
où nos vies se sont mêlées.

J. H.

Mâcon, 1912.

J. HANNEZO

 En Mer

Quelques souvenirs de jeunesse

TABLE DES CHAPITRES

Départ de Marseille 1

Arrivée à Naples 2

Baie de Naples 4

De Naples à Messine 6

Détroit de Messine 7

Portraits de Commandants 8

Par le travers de la Crète . 11

Port-Saïd 12

Différences d'heures. Rè-
glement des pendules et
montres, etc. 13

Canal de Suez 15

La Mer Rouge 19

Daedalus (fantaisie) 21

Les hirondelles 22

Quelques types de passa-
gers 24

Rade d'Aden 28

La mousson de Surroi en-
tre Aden et Galle 31

Seconds capitaines 35

Rade de Point de Galle . . . 38

Entre Galle et Singapore . . 40

Embarquement du charbon 42

La vie à bord 44

Singapore à Saïgon, ... 49

Passagers anglais 52

Saïgon à Hong-Kong 55

Coup de tabac 59

Types de Commissaires . . 60

Hong-Kong à Shang-haï . . 62

Les distances 67

Mécaniciens 69

Nuit sur rade de Woosung 71

Entre Hong-Kong et Yoko-
hama :
A. *par la route de Formose
(ouest)* 74

B. *par la route de Formose
(est)* 80

Un sauvetage (Golfe de Totomi) 86

Nos bons docteurs 90

La Brume 94

Un homme à la mer 97

Ménagerie à bord 98

Troupes d'artistes 99

Lé Fou 102

Océan Indien. Région des
Calmes. Mer de lait . . . 103

Cérémonies funèbres 107

Réveillon de nouvel an . . 110

Professeurs passagers . . . 111

Une nuit d'angoisse à Pé-
rim 113

Portraits d'enfants 115

De Naples au Cap Corse . . 118

L'Infirmier 120

Les Vents. Les typhons . . 121

Quarantaine au Frioul . . . 125

Marseille-Alger et retour . . 126

Sonnet de Xavier Maunier. 131

Un peu de linguistique. . 132

Le ventre d'un paquebot. . 135

Départ de Marseille

Pour voyager, pour revenir et pour conter aux amis
ces fameuses impressions de voyage qui varient au gré de
l'esprit du conteur, il faut... partir. On se recueille, on
analyse à l'avance ses sensations ; une légère crainte de
l'inconnu vous empoigne et puis, une fois le navire dehors,
de nouvelles conceptions surgissent ; presque toujours, on
s'est trompé !

Le pont de l' « *Anadyr* » est noir d'une foule murmurante et grouillante : passagers qui grimpent par la longue échelle avec leurs petits bagages de cabine, portefaix
qui braillent et bousculent, amis et visiteurs de la dernière minute, employés chargés de paperasses, matelots,
officiers en grande tenue, dégusteurs de pâtés mignons à
la grille de la cuisine, chacun esquisse un geste rapide,
termine une causerie, court à son poste. Voici la cloche
qui tinte, grave, d'un bord à l'autre ; le brouhàha augmente et les retardataires fuient par les issues encore ouvertes. Les coupées se ferment, les échelles sont relevées
et dans le demi-silence qui suit, un coup de sonnette argentine s'entend, lancé par la passerelle à la machine. « En
avant, doucement ». Les amarres de l'étambot glissent,
sifflantes, détendues des canons du quai ; sur le gaillard,
le treuil beugle, remontant la grosse ancre. C'est l'instant,
le déclanchement des ultimes émotions ; voltigent les mouchoirs, s'entrecroisent les adieux, les cris de Bon voyage ;
quelques larmes furtives perlent dans de jolis yeux, pendant que l'hélice bouillonne et que le beau navire s'ébran-
le avec lenteur, frémissant comme un cheval au repos qui
reçoit tout à coup le choc de l'éperon ! Franchi le Musoir,
doublé le phare Sainte-Marie où flottent à la brise de nouveaux mouchoirs et dont les blancs escaliers disparaissent

sous une grappe humaine. Pour les bons Marseillais, le départ dominical de *leur* Bateau de Chine est une sorte de cérémonie, de pélerinage ; phénomène bizarre, le terrien sent pénétrer en lui un frisson d'angoisse au passage du grand courrier s'élançant vers le large, alors que le voyageur ou le marin reste calme dans une impassibilité sereine, presque fataliste : ce fut la première impression qui me frappa au départ. A mon indifférence on eût juré que j'étais un vieil écumeur d'océans !

Le *Pharo*, magnifique en son promontoire, l'entrée du *Vieux Port* brusquement aperçu dans ses détails magiques, le *Canoubier* et sa tour pleine, bariolée de rouge, le légendaire *Château d'If* sont vite dépassés ; je les dévore du regard, sachant que je ne les reverrai plus avant quatre-vingt-dix jours.

La machine ronfle ; elle est « en route » et s'en donne à coups de pistons joyeux. Quel air délicieux on respire maintenant ! Les poumons se dilatent ; on vit une nouvelle vie. Et comme l'eau est belle dans son bleu infini, dans ses écumes légères que le soleil Provençal dore ; comme elle sent bon le sel et l'iode ! Comme elle se montre câline, accueillante pour moi, le novice, et que je la remercie ! O mer, tu es bien la patrie des sirènes ; tu sais nous enjôler et par ton sourire d'un jour, faire oublier tes caprices soudains, tes rages souvent échevelées !

On vient d'amener les couleurs, dernier salut à la France. *Maïré*, le bloc de marbre étincelant, *Tiboulen*, hargneux de ses pointes déchirées, sont par le travers. Encore quelques tours d'hélice, un long grincement de drosse... Marseille a disparu.

(Juin 1879)

Arrivée à Naples

« Mon petit, me dit l'excellent Bousquet, premier lieutenant qui témoignait à ma jeunesse une bienveillance paternelle, mon petit, si tu veux voir le Vésuve et Naples la nuit, il ne faudra pas te coucher ; nous entrerons dans la baie vers 2 heures du matin.» L'avis était une tentation, une friandise pour ma curiosité ; je dormis donc quelques heures, tout habillé sur ma couchette, au bruit berceur des vaguettes qui tapageaient sous mon hublot. A minuit, je fus debout.

En un clin d'œil, j'escaladai la passerelle où le lieutenant faisait le quart. Nuit splendide, merveilleuse, mais d'un noir intense malgré des myriades d'étoiles ; la brise avait molli et la mer écumait à peine sous la morsure de l'étrave. Le navire glissait sans secousse comme sur un tapis ; la machine aux capots fermés s'entendait si peu qu'on eût pu croire qu'elle dormait à l'exemple du pont et des cabines. Involontairement nous parlions bas, émus de cet admirable et religieux silence.

Vers une heure, à demi plongé dans le rêve, je tressaillis : au loin, très loin sur tribord, une lueur rouge jaillit, rasant la mer ; d'abord minuscule, elle grossit et monte dans le ciel violet. Rouge sang, rouge de feu, le globe enfin s'arrête ; est-ce un navire ? Est-ce un phare ? Bousquet, me voyant attentif et perplexe, s'approcha : « Eh bien ! Pourquoi t'ai-je dit de découcher ? » Interloqué, je répondis : « Mais, ce n'est pas le Vésuve ; je ne vois ni fumée ni jet de flamme ». Un fort éclat de rire fut la riposte ; oui, le Volcan fameux était devant nous ; son cratère, fumeux en plein jour et semblable aux gueulards de nos hauts fourneaux, s'allume la nuit, annonce ironique et farouche d'un feu qui couve, d'une éruption latente qui menace.

Nous avançons dans la Baie ; *Ischia*, la vieille Pythécuse au sol tourmenté, est parée à bâbord. Puis le globe sanguin du volcan s'atténue, s'adoucit, disparait. Dans le ciel et sur la mer filtrent des blancheurs laiteuses ; une phosphorescence extraordinaire danse sur toutes les écumes remuées. A l'arrière, l'hélice soulève des cascades d'escarboucles, ruisselle de gouttes diamantées, et le sillage s'allonge en échelons d'argent. C'est vraiment trop beau, grandiose, divin, et, tel un enfant, je cours d'un bastingage à l'autre, hypnotisé, épiant à chaque seconde un jeu nouveau de lumières perlées autour de notre coque toute noire...

Soudain, la sonnette aigüe de la machine fébrilement s'agite ; des commandements se suivent en échos graves par le porte-voix de la passerelle ; l' " Anadyr " est presque stoppé ; il marche noblement sur son erre. Le Commandant enfin lance vers le gaillard l'ordre strident : « Mouillez » ! Un bruit de tonnerre, de ferraille et de chaînes. *Naples* est là, s'offrant en spectacle admirable à mes yeux, mollement assise sur les contours exquis du golfe, voilée encore par la brume soyeuse du matin, mais dessinée par le long collier de clartés roses et jaunes qui courent sur les boulevards, les quais et l'avant-port.

Baie de Naples

Une débauche de soleil ; une immense palette aux multiples couleurs : la mer autour de l' « Anadyr » est une étoffe de soie à reflets moirés ; le ciel, bleu tendre ; pas un filet de nuage. Il fait chaud et l'ombre des tentes est délicieuse.

Naples nous sourit avec sa grande bordure de maisons peintes en rose, vert, oranger dans un ensemble de teintes douces, non criardes ; le château massif de Saint-Elme se plaque en sombre vers les hauts, dominant les clochetons innombrables d'églises, églisettes et chapelles ; au loin vers le nord, les rochers de Pausilippe ; au sud, Capri la superbe ; à l'orient, notre ami le Vésuve lançant son immuable panache de fumée, étalant les majestueux ravins de ses flancs violacés.

Sur le pont, une armée de brigands à têtes de Fra

Diavolo, accroupis ou se dandinant, hurlent, nous appelant vers leurs éventaires à bibelots, corail rosé, émaux, camées napolitains « en pierre dou Vésouve, Mossiou », bracelets bizarres, jouets grotesques que préside en favori le Pulcinello traditionnel. Nos passagers marchandent, se laissent entortiller par les boniments de ces braillards à langue dorée et de leurs femmes aux yeux noirs, cheveux de jais collés sur les tempes. Quels déhanchements volubiles, quelle morbidezza ! Ma·s comme tout ce monde répugne ! Beau pays, vilaine race : effet naturel des contrastes.

A 1 heure, le Capitaine d'armes signifie à la bande l'ordre du départ : scène inénarrable. Les birbanti protestent, ne bougent point et il faut que nos mathurins emploient les moyens « frappants » pour leur faire dégringoler l'escalier, ce qui ne les empêche nullement de grimacer force mercis, force sourires et quantité de « Buon viag-

gio ». A peine le pont évacué, nos passagers se précipitent
sur la lisse de tribord arrière ; un grand concert vient d'é-
clater au milieu des gondoles roses et bleues qui grouillent
le long du bâtiment ; cinq musiciens du crû nous régalent
de mélodies voluptueuses avec grincements de mandolines et guitares, bruissements de tambours de basque et
violences de chants gutturaux ; le chef d'orchestre, un
gaillard brun à l'œil louche, nous appelle, nous invite à
écouter, cependant que les autres se démènent en mimi-
ques cocasses, en gestes effrénés, criant comme des bêtes
en folie. Mais tout à coup, un pianissimo : les mandolines
se font très douces, les guitares mettent la sourdine ; et se
lève du fond du canot une magnifique créature, la Signo-
rita X... qui entonne « Santa Lucia »; sa voix est chaude,
enivrante ; on se tait de toutes parts, même les bateliers
et les portefaix, et quand les dernières notes expirent, c'est
un tonnerre d'applaudissements. Le grand « patrone » en
profite ; il ouvre prestement un large parapluie rouge; le
renverse dans sa partie concave et nous convie à la quête : « Messious, Gentlemenn, djita dell' argent, djita bô-
« coup, merci ». Le riflard cassette se gonfle, rebondit,
frémit, se remplit de gros sous et de piècettes d'argent.

Lorsque nous fîmes machine en avant, l'orchestre
nous donna la conduite et, longtemps après avoir quitté la
baie, notre oreille ravie écoutait encore les vers exquis :

O bella Napoli, ô sol beato,
Ove sorridere vol al creato etc., etc.

De Naples à Messine

On a tellement chanté les rivages napolitains qu'il
est oiseux d'essayer de nouvelles chansons ; comment

poétiser toutes ces harmonieuses beautés qui se poétisent elles-mêmes et que bientôt le navire dans sa marche rapide à travers le Golfe ne peut plus détailler. De 2 h. à 4 h. du soir, nous contemplons le *Vésuve* dont les puissantes assises se modifient à chaque inflexion des côtes ; on devine au loin *Pompeï, Herculanum, Castellamare*. Du côté de la mer, c'est *Capri*, l'antique Capraea, ses roches tombant à pic, son cap ajouré par le flot. Tout est bleu ; une brise caressante passe sur le pont. Mais voici le promontoir de *Sorrente* ; il s'avance durement vers le large pour nous fermer la vue du Vésuve et de Naples. C'est fait !

Vers 8 h. du soir, on signale *Stromboli*. Légère désillusion ; le grand cône volcanique reste tout noir, presque confondu avec la nuit ; la forge mythologique est éteinte en ce moment et, seul, un mignon feu follet brûle au sommet de sa cheminée. Collées contre le pied du monstre et la rive de mer, quelques lumières pâlottes ; signe de vie du village qui ne craint pas de loger des pêcheurs audacieux. — En route pour Messine.

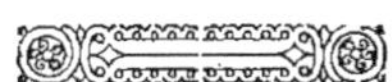

Détroit de Messine

(Au retour d'Egypte)

(Septembre 1879)

Après une secouée houleuse dans le Golfe de l'Adriatique, le cap *Spartivento* sur lequel se brisent tous les vents ainsi que l'indique son nom typique, est en vue à 6 heures du soir. Une brume grise s'épand sur les choses ; la terre de Sicile aperçue à bâbord se voile de lourdes ombres ; nous nous rapprochons de la côte d'Italie.

Peu à peu, en divers sens, des rougeurs de phares piquent à travers la nuit. Notre bâtiment, favorisé par ces relèvements, rallie bientôt le rivage de *Calabre* ; des hautes montagnes apparaissent, très découpées sur les crêtes, profondément ravinées sur les versants qui tombent à la mer, saillies très noires sur la sombreur nocturne. Effet grandiose ! à 10 h. 1/2, *Reggio*, une illumination magique de feux alignés ; de l'autre bord, *Messine*, splendide sur son amphithéâtre où les lumières vives tremblottent, espacées dans un désordre vraiment artistique.

Pour nous faire reconnaître, nous brûlons un « moine » (1) ; l'éclair violet qu'il jette sur le pont et sur les eaux devenues en une minute un miroir transparent est admirable de reflets, trop court, hélas ! pour nos yeux extasiés. Mais cette scène n'est rien auprès du spectacle que va nous donner le ciel ; derrière l'*Etna*, le géant Sicilien, un faisceau de rayons blanchâtres s'épanouit, envahissant la haute nuit, et soudain, en médaillon doré, la lune surgit ; plus elle monte, plus elle se fait adorablement blanche ; elle nous enveloppe d'une lueur douce qui nous révèle une vie tout à l'heure inconnue, lignes de rivages, lignes de montagnes, barquettes de pêche virant en tous sens, les unes finement ailées de voiles teintées de mauve, les autres voguant sous le rythme scandé des rames, au milieu de paillettes d'écume phosphorée ; notre sifflet prend sa grosse voix pour les mettre en garde et se mêle aux chants des rameurs. Le passage est mauvais ; le Commandant veille lui-même sur la passerelle ; il faut avoir l'œil au grain et de fréquentes embardées prouvent que nos marins manœuvrent habilement en crainte des abordages.

A 11 heures, nous doublons le beau feu de *Faro* et nous nous enfonçons au large.

⟶⟶⟶ ✕ ⟵⟵⟵

Portraits de Commandants

Dans la belle Compagnie des Messageries maritimes,

---

(1) Sorte de feu de Bengale

sauf de rares exceptions, le personnel des états-majors navigants à toujours été un recrutement d'élite ; le pavillon de la *Licorne*, emblême de vitesse et de noble pureté, comme le drapeau aux trois couleurs, étaient de mon temps confiés à des hommes solidement trempés ; à l'ombre de ces deux palladia, on devenait chauvin !

Nos Commandants, quelles que fussent leurs origines, se montraient également intraitables et pénétrés de leur haute mission à l'étranger dès que le Pavillon était en jeu. Ceci bien établi, nous pouvons faire la silhouette de leurs caractères : il y a le Capitaine aimable, souriant, gentilhomme ; le Capitaine bourru, grincheux, maniaque ; le Capitaine gourmand, le Commandant sans façon.

Parmi eux, en première ligne, se campe le Lieutenant de vaisseau, généralement jeune, pétri de distinction, quelquefois de morgue, n'oubliant jamais qu'il sort de la Marine de guerre. Sa démarche est correcte, sa tenue élégante ; il a de l'ardeur, de l'enthousiasme, affecte une politesse raffinée en même temps qu'une certaine réserve vis à vis des dames et des passagers ; il trône dans sa cabine de Pont où l'on guette de lui un salut royal. Au début, il ne rêve que discipline, règlements, réorganisation ; il critique beaucoup ; puis il mue, subit une évolution fatale et, disent les matelots, met de l'eau dans son vin ; par force, il en vient à s'humaniser et se « Commercialiser » ! Quelques-uns regrettent leur sabre et leurs épaulettes, les cérémonies à fla fla ; l'un d'eux, très original et pétulant, nous passait la Revue tous les Dimanches en grande tenue sans compter en semaine les manœuvres de sauvetage ou d'incendie.

Le Capitaine au long cours est d'une essence différente ; loup de mer accompli, bronzé, dur à la fatigue, les jambes arquées par d'anciennes navigations à la voile, brusque avec les hommes par instants, familier le reste du temps, il manque de cette distinction légèrement tintée d'aristocratisme qui marque le Lieutenant de Vaisseau. Peu tendre pour le sexe faible à qui il ne ménage guère les boutades, aimant peut-être trop les plaisanteries faciles et... salées. Arrivé tard au grade supérieur, il porte la barbe grisonnante ; il roule sur le pont, la tête en avant, tel un taureau qui va tout renverser et fronce ses sourcils en broussaille. Les passagers ont peur de lui les premiers jours, redoutant un coup de boutoir, et cependant, quand ils l'ont étudié de plus près, ils découvrent sous cette rude écorce un cœur excellent, dans cette barbe vieillie un chaleureux sourire, en ce Chef un peu hirsute un véritable marin qui veille au grain et cherche à satisfaire tout le monde.

Je viens de parler du Commandant type aimable ; le Capitaine bourru, égoiste, gourmand existe malheureusement et ne fait pas la vie douce aux gens du bord. Presque toujours, c'est un officier aigri par la maladie ou des chagrins intimes ; quelquefois c'est un jouisseur qui ne pense qu'à son « ventre ». Celui-ci ne se déridait que le soir après avoir sucé cinq ou six verres de Cognac ; celui-là se plaignait de la nourriture, hurlait contre le maître Coq, contre les approvisionnements, morigénait les garçons et bousculait les boys ; un autre s'enfermait dans sa cabine et n'en sortait que pour les cas urgents, ne parlant jamais à personne. Le Commandant maniaque avait la musique en horreur, interdisait le piano sur le pont et les danses ; il faisait la chasse aux marchands de bibelots et, pendant les escales, ne laissait amener qu'une échelle à tribord avec consigne de le prévenir chaque fois qu'une embarcation s'en approchait ; une lance chargée d'eau pendait près de l'échelle pour écarter les intrus, au besoin pour les asperger.

Et les « marottes » religieuses, politiques ; les partis pris internationaux. Tel Capitaine, Breton bretonnant, faisait dire la messe le dimanche dans la batterie ; tel autre « mangeait » chaque matin du curé et faisait des niches aux passagers missionnaires. Celui-ci abhorrait les Anglais ; son collègue abominait les Tudesques ; celui-là avait une véritable crise de haine quand il voyait un fonctionnaire Colonial et j'en ai connu un qui fuyait, comme la peste, les agents des Postes. Bref, si la femme est traitée par Virgile de « varium et mutabile » fort irrespectueusement, reconnaissons que son adage s'applique un tantinet à nos Commandants.

Note de la fin : les matelots décorent les Capitaines du nom de Grand Mât.

Par le travers de la Crète

Une symphonie de bleu, bleu indigo crû sur la mer, bleu violet dans les replis multiples de la côte, bleu argent sur les fonds de neige qui couvrent les hautes lignes de montagnes et tranchent sur le bleu de ciel, voilà *Candie* la belle, vue de grand matin ; je n'ai eu nul besoin de réveiller mes souvenirs classiques pour poétiser à nouveau le mont *Ida* et les nobles contreforts qui l'entourent en façon de courtisans aux pieds d'un Roi. Les beautés antiques de la Crête s'imposent d'elles-mêmes dans l'image de sa splendeur moderne.

Mais quelle tristesse à contempler cette côte sud si nue, si vide de traces humaines, presque un désert à la place du riche royaume des Minos, des Grecs et des Vénitiens ; partout où le Turc passe, il laisse ruine et désolation !

Du cap Krio, toujours enveloppé d'azurs, notre bateau se dirige sur *Gozzo*, l'île rose ; on reconnait le Cap *Matala* aux arêtes fantastiquement originales, et sous l'œil étincelant des Dieux du mont Ida que frappe en pleine gloire le soleil levé, nous abandonnons les rivages sacrés de la Crête pour descendre au large vers l'Egypte.

Port-Saïd

Juin 1879

Depuis l'Adriatique, la grosse houle qui nous prend par derrière est insupportable ; nous roulons bord sur bord et tout mon être roule aussi ; je paie mon premier tribut au mal marin. — Le 21 vers 1 h. du matin, une accalmie se produit ; nous sommes arrivés à la hauteur d'*Alexandrie*. On pique au Sud-Est ; à 2 heures *Damiette* par le travers. Toujours un clapotis très rude ; à 4 heures, je monte sur le pont pour aspirer l'air frais venant de terre et « récupérer mes esprits ». Tout est mouillé, planches, tentes, agrès ; un ciel bas, gris, qui jette la tristesse, une buée humide qui perce les os et la chair. Est-il possible que nous côtoyions les rivages africains ? On se croirait en mer du Nord.

Mais, la cloche du gaillard signale un feu. Je revis : c'est le phare de Port-Saïd. Une heure après on stoppe en vue de la terre, dans des eaux jaunes sales ; des plages sablonneuses très basses se dessinent lentement devant nous. Que nous sommes loin des reflets moirés du golfe de Naples et des gouffres bleus de Candie !

Voici venir à grands coups de rames une baleinière blanche : les matelots lui lancent une échelle de corde et une amarre ; leste, un homme grimpe et dans trois bonds escalade la passerelle. « Bonjour Commandant ; Bonjour, Pilote... En avant doucement ! » Les pistons se remettent à leur cadence de mouvement et nous passons à demi vitesse entre des bouées de reconnaissance qui marquent le chenal. — Bientôt l'air change ; frappent le visage de larges bouffées chaudes pendant que nous doublons le phare construit d'un seul bloc de ciment. Du sable, des pierres énormes, des carrés de béton sur le bord ; plus loin un petit village indigène éparpillé dans la plaine, puis un quai provisoire, des mâts de pavillon, des constructions de bois à vérandahs bizarres, une population bariolée, murmurante, intercalée d'ânes et de chameaux indolents, qui semble courir à notre rencontre.

Ce spectacle vivant, très original, représente la ville improvisée de *Port-Saïd.*

Différences d'heures
Réglement des pendules et des montres
Calcul des temps

Ces titres sévères présagent un chapitre moins impressionniste que les descriptions dernières ; il faut pourtant mêler l'utile à l'agréable : « Cedat poëtica scientiae » !

Port-Saïd est en avance de 2 heures environ sur Paris et de 1 h. 3/4 sur Marseille, de sorte que, si le paquebot arrive à ce port vers midi, en fait il n'est que 10 heures du matin à la montre emportée par un voyageur parisien ; et l'on constate souvent ce curieux phénomène de recevoir à Marseille à midi un télégramme parti d'Egypte à la même heure ou même avant midi, malgré le temps perdu pour les diverses transmissions.

Voici quelques indications de différences d'heures pour un voyage de Paris à Tokio :

Paris . . . . *midi*		
Marseille. *avance sur Paris.* 13 m.	*Av. sur Marseille* 0	
Naples . . . 0 h. 47' 38"	0 h. 35'	
Suez . . . . 2 h. 44"	1 48'	
Aden . . . 2 h. 51' 20"	2 39'	
Pointe de Galle 5 h. 11' 30"	4 57'	
Singapore . . 6 h. 46' 5"	6 33'	
Saïgon . . . 6 h. 57' 24"	6 45'	
Hong-Kong . 7 h. 27' 16"	7 14'	
Shang-haï . . 7 h. 56' 36"	7 45'	
Tokio . . . 9 h. 9' 40"	9 heures *environ*	

Le calcul au retour reste le même en renversant les chiffres et comptant comme retard ce qui était avance.

Les passagers intelligents qui ne voyagent point « comme des malles » s'intéressent tous au mouvement des heures à bord. Vers midi, chaque jour, l'officier de quart, aidé généralement d'un autre lieutenant, l'officier des montres, braque sur le soleil un appareil triangulaire, le sextant. Messire Phœbus est-il surpris au Zénith, on fait le point, c'est-à-dire la détermination du lieu où le navire se trouve en latitude ou longitude, puis l'on rectifie les heures à chaque pendule ; aux yeux ébahis de certains voyageurs, le timonier fait tourner les aiguilles de l'escalier du grand salon et les avance d'un quart d'heure, 20 minutes, quelquefois 30 à 35 minutes chaque jour quand on marche vers l'Orient ; au retour, il les recule.

Certains Capitaines ont alors l'amabilité d'étaler leur carte marine sur une banquette du pont arrière en y marquant le point ; on affiche aussi le nombre de milles parcourus.

Quelquefois le soleil se cache impitoyablement ; on fait alors le point à l'estime, puis on tâche de saisir l'astre brillant quand, au milieu de la journée, il daigne se montrer à la fenêtre de quelque nuage. A défaut, on relève la nuit quelques étoiles principales, mais le calcul est alors relativement difficile. Quand on faisait le point à l'estime, on se servait du *loch* qui donne approximativement le nombre de nœuds abattus à l'heure : on rectifiait le lendemain les variations.

L'heure est toujours celle du temps moyen et non du temps vrai ; pour la calculer, on prend la différence de longitude entre le point de la veille et celui du jour et quand on l'a obtenue, on se base sur les termes suivants : 360° $=$ 24 heures ; 90° $=$ 6 heures ; 15° $=$ 1 heure. Par exemple, si l'on vient du méridien o de Paris et qu'on s'arrête à Galle, latitude nord 6°. 1.25,

longitude est 77°. 52.23,

nous trouvons en chiffres ronds 78°/15, soit une avance sur

Paris de 5 heures 20/100 ou 12/60, en chiffres exacts
5 h. 11' 30".

Les Anglais sont en désaccord avec nous sur toutes
ces questions à cause du méridien de Greenwich ; la différence est légère entre les deux méridiens (2° 18.37) en
longitude, soit o h. 9' 3" de retard (ouest de Paris). Je ne
puis pas comprendre pourquoi les deux nations s'obstinent
à maintenir pareil désaccord, si gênant et si mesquin, au
point de vue de la pratique maritime et de la science
pure (1). A mon avis, c'est à nous, Français, à faire le
sacrifice de notre méridien et de notre amour-propre national en faveur de Greenwich qui est plus positif, qui est
appliqué par une nation essentiellement navigatrice comme par la majorité de celles qui vivent dans son orbite.
Ce serait peut-être un pas pour amener les Anglais, de
leur côté, à se rallier au système décimal.

Canal de Suez

Ce canal artificiel, creusé dans une plaine monotone,
n'a rien qui puisse susciter la verve d'un conteur ; j'y ai
recueilli tout de même quelques impressions variées.
Comparaisons de regret avec la France et les rives
d'Italie ; curiosité de cette porte ouverte sur l'Extrême
Orient ; crainte de la mystérieuse et brûlante Mer Rouge ;
apaisements d'un voyage à marche lente au travers de
déserts sableux dont l'uniformité rend le moindre relief de
terre, le plus petit incident sur les bords, éminemment at-
tractifs ; sur le retour, joyeuses pensées vers la vieille

---

(1) La réforme a été opérée en 1911. Tous les chronomètres des
navires français sont maintenant réglés sur le temps moyen de
Greenwich, mais on se sert toujours des cartes marines françaises,
établies sur le méridien de Paris, pour le reste.

Patrie et les êtres aimés qui vous y attendent : tout captive et retient le souvenir.

La longueur du Chenal qui relie la Méditerranée au golfe de Suez est de 87 milles, environ 162 kilomètres ; une légère différence de niveau existe entre les deux mers, ce qui provoque un petit courant comme sur une rivière naturelle, presque invisible à l'œil nu. On marche à cinq nœuds, très doucement, de manière à ne provoquer aucun remous et à ne pas détériorer les berges ; çà et là, des garages, puis, au milieu du parcours, les Lacs Amers. Un pilote a la charge du bâtiment.

Port-Saïd disparaît et son grouillement de maisons baroques, de populace criarde. Partout du sable rouge, rose, jaune pâle ; quand souffle le sirocco, la teinte de la terre se mélange au ciel dans une carmination intense. Des étangs marécageux jalonnés de flamants roses et de pélicans ; ils nous épient, rêveurs, perchés sur une seule patte ou s'envolent brusquement en girandoles bizarres, en monômes réguliers. Souvent ces flaques d'eau ne sont que des mirages, irréelles reproductions de tableaux réels éloignés. Joliettes aussi ces gares jetées en bouquets de verdure dans la solitude désertique, avec leurs tamaris découpés, les larges éventails de leurs bananiers et leurs haies de lauriers roses que dominent des mâts de signaux à multicolores pavillons. Et combien attirante pour notre esprit ennuyé la course le long des dunes de ces bandes de négrillons tout nus qui demandent des sous : la monnaie de billon voltige du bord à la rive, elle est à peine lancée que l'essaim mendiant se rue, l'envase et doit ensuite la repêcher à la main en creusant la boue ; quand la recette est bonne, les quenottes blanches nous sourient. Quelquefois notre masse crée en passant des raz de marée minuscules ; une attaque de vaguettes met les gamins Arabes en déroute en les inondant ; ils reviennent vite à la chasse, car le remous met à terre des poissons frétillants qui, aussitôt vus, sont aussitôt pris. Un de ces petits chasseurs de monnaie nous suivit pendant plus de quatre kilomètres ;

sa récolte fut excellente ; un autre, avorton de 5 ans, restait tout le temps à la queue de la bande, geignant, hurlant, pirouettant dans le sable, se piquant aux genêts et aux tamaris nains, ne ramassant jamais un centime, mais il recommençait toujours à courir. Pauvre môme ! *El-Kantara.* (*1*) Villageon misérable ; cases couvertes de chaume, bâties de pierres sordides ; passage de caravanes sur un pont tournant : en attendant la permission de traverser, les caravaniers plongent leurs corps bronzés dans les eaux du Canal, s'ébrouent, se jettent de l'eau comme de grands enfants et brusquement, à notre approche, grimpent la digue pour enfiler leurs burnous en loques ; couchés dans le sable qui bout au soleil, les poils ras ou machurés de fiente, l'œil morne et pitoyable, les chameaux ruminent. Plus loin, autres « scèneries », ainsi que disent les Anglais : un troupeau de chacals tirant la langue, le regard rouge, guette notre départ pour se précipiter à l'aiguade : Un simulacre d'incendie sur la terre, trombes de sable enflammées qui tournoient et lancent au ciel des fumées sanguinolentes : Un campement de nomades, douar de tentes brunes dressées sur des piquets informes, quelques moutons, un bivouac autour duquel rêvent des hommes tristes à visages de Sphinx !

Nous nous garons ; on s'amarre à des bornes de fonte. Et silencieusement on regarde, comme les vieillards de l'opéra de Faust, passer les bateaux ; on médite, on critique, on sourit ; quelquefois on « s'emballe » devant un défilé de nations sympathiques ou ennemies. Le philosophe ici trouve matière à décourageantes réflexions sur l'avenir de la fraternité humaine ; sans être absolument « un loup» pour son frère, l'homme lui décoche des coups d'œil jaloux ; le moule de la République universelle, douce, pacifique et sociable n'est pas encore fondu ! Voici passer devant nous lentement un beau postier anglais, le «Deccan», concurrent de race, concurrent de navigation ; il nous

______

(1) En Arabe signifie le Pont.

toise de haut en bas ; nous ripostons de même ton ; puis un navire hollandais ; sur le pont, de grosses faces réjouies, des corps fluets de halfcast javanais, des soldats coloniaux anémiés ; on nous salue de la voix et du geste ; une télépathie aimable circule entre les deux bords. Voici, hélas ! l'ennemi mortel, le vainqueur d'hier ; il nous lorgne curieusement ; le Capitaine majestueux sur sa passerelle scrute les mouvements de notre pavillon pour voir s'il glissera sur la drisse en signe de politesse, mais nos trois couleurs restent impassibles et le Teuton esquisse un geste de rage. — Quelques instants après, le pavillon descend trois fois devant un grand transport de guerre Britannique qui nous rend immédiatement le salut ; « l'Euphrates » est un bâtiment superbe, peint de blanc, percé de multiples sabords d'où émergent les habits rouges ; les soldats ont l'aspect martial, l'air gouailleur, légèrement abruti ; les matelots par contre, les « blue jackets », sont majestueux, propres comme une livre sterling, d'allures simples, de formes athlétiques rappelant les lutteurs de l'ancienne Grèce. Quel ordre, quelle discipline sur cette caserne flottante ! quel grand peuple que celui qui s'abrite sous les plis de l'Union Jack ! Je l'admire, mais je reporte ma pensée, mes yeux vers nos couleurs bénies, les belles couleurs du beau pays de France.

On couche la nuit dans les *lacs Amers*. Nuit douce, calme, miroitante d'étoiles ; grand silence entrecoupé de quelques cris de chacal ; au matin, rosée presque glaciale. Nous sommes mouillés dans le lac Timsah par un maillon d'ancre (30 mètres) à grande distance d'*Ismaïlia* ; un parfum de fleurs d'acacia, très subtil, nous arrive de terre sur les ailes d'une brise nocturne. Départ à 5 heures du matin. Tout dort sur la côte ; derrière nous, lugubrement fermé, se dresse le palais carré du Khédive, immense bâtisse sans ornements ni style.

Rencontre de remorqueurs et de felouques Egytiennes à voiles étroites. La berge du Canal s'élève ; c'est ici que le travail de M. de Lesseps a été le plus dur, le plus long ; il a fallu trancher un énorme sillon dans le sable, l'argile et le porphyre dont on peut voir nettement les stratifications inégales.

On avance vers Suez. Sous une dune violette j'aperçois un large cube de terre rose, surmonté d'une croix ; tout autour c'est le désert, l'immensité solitaire, la mort de la nature à côté de la mort humaine. L'idée de notre disparition fatale empoigne alors les cœurs, fixe les regards hypnotisés vers cette tombe abandonnée ; on pense malgré soi à nos cimetières d'Europe si fleuris, si choyés ; on pense à l'avenir. Quelle sera notre heure ? où allons-nous ? Reverrons-nous la patrie ? Et, terrassé une minute dans sa vanité, l'homme le plus fort, le moins croyant, se replie ; il implore tout bas la grande miséricorde de Dieu.

Encore des chameaux en caravane. Des pêcheurs à la ligne Européens : cela parle de la proximité d'une ville. En effet, quelques arbres verts apparaissent ; un canal d'eau douce ; au loin, un panache de fumée qui court allongé sur le sol rouge ; c'est le chemin de fer de Suez au Caire. Le chenal s'élargit ; vers la gauche, une baie se creuse dominée par les premiers contreforts des montagnes Arabiques ; à droite, en étages de maisons mi-grises, mi-blanches, *Suez* s'épanouit dans le soleil.

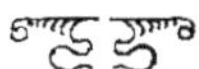

La Mer Rouge

Comment ne pas évoquer l'ombre sacrée de Moïse et le passage des Hébreux, et ne pas trembler à l'avance au récit des chaleurs infernales attribuées à cette Mer légendaire ? Pourquoi son nom de « Mare Rubrum », de « Mare Erythraeum » ?

Moïse revit dans la toponymie d'une charmante oasis

qu'on aperçoit en quittant Suez ; sous une toiture de frais palmiers, entourée de gazons verts, y coule la fontaine célèbre qui porte le nom du grand Prophète. Quant aux Hébreux, ils ont probablement passé à pied sec ou demi sec, à marée basse, le golfe de Suez non loin de la ville actuelle ; il est imaginable que l'affaissement des fonds s'est produit depuis les évènements relatés par l'Histoire Sainte, à la suite de quelque convulsion géologique.

La chaleur. Elle n'est pas infernale, mais cette épithète reste bien voisine de la vérité *vraie*. Dès que le dernier chant de la brise méditerranéenne s'est éteint au sortir du golfe de Suez, l'atmosphère se fait irrespirable ; une sécheresse intense brûle les poumons et la gorge ; malheur aux plantes humaines qui n'ont pas la sève résistante et forte ; elles se pâment, baissent la tige et souvent meurent. A mon premier voyage accompli en plein été, nous perdîmes l'enfant d'un diplomate Japonais ; il expira étouffé, la veille de notre entrée à Aden. Le général de Trentinian, bel' homme à barbe grise, un dur à cuire cependant, tomba en syncope et, pendant quelques heures, donna de sérieuses inquiétudes. Chacun tirait la langue ; le temps, que l'on comptait, s'absorbait à boire des citronnades et à... transpirer. Je ne puis, la nuit, dormir dans ma cabine dont les tôles sont chauffées à blanc et je m'étends sur le pont.

La couleur rouge de la mer : encore un conte pour les enfants ; l'eau m'est apparue d'un beau bleu ni trop fade ni trop crû. Mais, il faut le reconnaître, tout le décor côtier de cette nappe azurée est rouge. Roses intenses, les grès et granits anciens des découpures montagneuses ou des plages sablonneuses. Roses dorées, Roses orange, les bandes magnifiques des horizons au coucher du soleil ; fulgurantes et pourpres les aubes déjà courtes, car nous approchons des tropiques. Rougeâtres aussi quoique moins pures dans leurs colorations, les longues trainées de frai de poisson, fleuves isolés qui semblent marcher au milieu de la masse bleue, filets, méandres bizarres qui se répandent sur des centaines de milles pour tout à coup disparaître. Certaines nuits, ces traînées de semences animales s'allument en phosphorences magiques et c'est à crier son admiration !

On mettait 4 jours 1/2 pour traverser la mer Rouge dans toute sa longueur jusqu'à Aden ; presque partout la côte se voyait et l'on n'avait pas le sentiment du large vide de l'Océan Indien. Tantôt le *Sinaï* étalait ses replis et son sommet divin ; tantôt on doublait des récifs dangereux, rochers nus déchiquetés, patinés de brun par les vagues, *les trois frères, Daedalus* et son phare ; ici un voltigement bleuâtre de Dactyloptères, les jolis poissons volants ; là sur la côte un navire échoué, lamentablement perdu et pillé par les Arabes. *Cheik Saïd*, un établissement français, que les Anglais et les Turcs nous disputent, et que finalement on a délaissé « pour ne pas avoir d'histoires » ; *Périm*, îlot farouche, os rongé par les chiens, défendu par des forts anglais, muni d'un bon phare à feu tournant. *Bab el Mandeb* (portes de la mort) dont la côte sublime d'horreur justifie le nom. Feu d'*Aden* en vue. On sonde ; on avance doucement ; barre franchie, nous sommes arrivés à l'escale.

Daedalus (fantaisie)

Un roc noir, étroit, en pleine mer Rouge ; sur ce rocher, un phare. Assis dans leur cabine étriquée, deux hommes, silencieux, se regardaient : depuis huit jours, ils attendaient le vapeur de Suez et avec lui les vivres, l'eau surtout. Manger sous ce ciel de flamme, on s'en passerait encore, mais boire, renouveler la fraicheur de lèvres toujours desséchées, adoucir la brûlure d'un estomac qu'excite la salaison des conserves, quel supplice d'être condamné à la ration !

Un jour de feu s'écoule : Rien. Deux jours. Par le travers, un grand courrier file vers Aden, la fumée droite, l'étrave coupant des sillons d'or : les gardiens arborent le pavillon de détresse. Rien ne bouge à bord, et bientôt le noir bâtiment s'évanouit dans la brume rose.

Hâves, les yeux injectés de sang, la respiration haletante, les malheureux gardent le courage d'espérer et d'entretenir les lampes du phare, mais, vers minuit, l'un d'eux s'éveille de sa torpeur stupide ; il souffre des souffrances de l'enfer ; il est fou. « C'est assez, crie-t-il sourdement à son compagnon, il faut nous venger ». Et grimpant à l'échelle de fer, d'un coup sec, nerveusement automatique, il éteint le grand miroir. . . . .

Sur la passerelle de l' « Amazone », le lieutenant de quart scrute inquiet l'horizon de tribord à bâbord ; il consulte à chaque instant la carte et la direction de route. « C'est à n'y rien comprendre, murmure-t-il, nous devrions être en face de Daedalus, même l'avoir doublé, et je n'aperçois aucun feu ». Soudain une voix sinistre, celle de l'homme du bossoir, perce la nuit sombre : « Un écueil droit sur l'avant ». L'officier se précipite sur le porte-voix de la machine, donne des ordres, mais se relève en hurlant : « Nous sommes perdus ! »

. . . . Je bondis de ma couchette en sursaut et plonge ma tête hors du hublot. L' « Amazone » sur une mer cuivrée rayée d'ombres grises, glissait doucement ; juste vis à vis de moi brillait, ironique, le feu de Daedalus. J'avais rêvé !

Les hirondelles

En Mer Rouge   (*Octobre 1879*)

Depuis deux jours, l' « Amazone » est enveloppé

d'une nuée d'hirondelles. Sur nos vergues, dans les haubans, les malheureuses viennent se poser, mais poursuivies par des hibous jaunes qui, cachés dans la mâture comme en une forêt de Bondy, se livrent à la chasse dès la tombée du soir, excitées par le besoin de voler dans l'espace, elles disparaissent vers le sud. Quelques-unes demi mortes n'ont plus la force de reprendre leur course avec la grande Colonne et restent inanimées sur le pont ; je les ramasse, leur donne à boire, mais l'aiguillon de la liberté les pique ; elles s'enfuient bien vite pour retomber, quelques coups d'aile plus loin, sur les eaux.

Navrant spectacle. Que j'en ai vu mourir ainsi, de pauvres hirondelles ! Le long du bord, à chaque instant, passent des chapelets de petits corps bleus, les ailes encore en pointe étendues, bientôt repliées dans le dernier spasme de mort. N'est-ce pas une image exacte et sévère de notre vie ? Aller toujours de l'avant vers un but désiré, souvent insaisissable, marcher poussés par la foule des autres hommes et voir s'écrouler le long du chemin, sous la fatigue, la douleur ou la faim, la chaîne multiple de nos compagnons de marche ! Courir vers la liberté, vers les chimères dorées de l'avenir et ne rencontrer près du but que l'abîme où tout mortel s'engloutit !

Ne nous plaignons pas outre mesure cependant ; nous reverrons la France avant les pauvres hirondelles et nous avons la suprême espérance d'y reposer un jour dans la terre des ancêtres, alors que l'oiseau vagabond disparaît à jamais sans laisser une trace dans l'immensité des eaux tropicales.

Comme elle est digne de nos soins et de nos respects la voyageuse hirondelle quand, revenue de ses périls d'hiver, elle fait éclater ses sifflements d'allégresse à la revue du nid, quand mâle et femelle luttent avec gaieté pour le remplir de duvet nouveau, lorsque la couvée d'amour gazouille au rebord du berceau, recevant la becquée de la mère, tandis que le père lance aux airs la quintessence de ses mélodies et contemple la scène du haut de la corniche voisine !

Quelques types de passagers

Lorsqu'au départ de Marseille, une jolie femme apparaissait sur le pont, un de nos fashionables Commandants, monocle doré à l'œil, se précipitait vers elle et l'abordait avec le cliché connu : « Madame est sans doute une de nos passagères » ; puis notre Paon galonné faisait la roue. N'étant pas de la race du bel oiseau de la Fable, je n'ose faire la roue, mais je rends honneur au sexe charmant qui nous tourne si souvent la tête, en débutant par le portrait de ces Dames. Les plus jolies femmes de la table que je présidais furent Suédoises ; elles s'en allaient à Shanghaï comme les Marseillaises vont au Château d'If, sans regret ni minauderie d'appréhensions. Leur chaperon, mari de l'aînée, est un bon vieux Scandinave à barbe de fleuve, encore très solide et joyeux malgré ses 60 ans sonnés ; il réside en Chine depuis longues années. Un beau matin, son cerveau martelé de projets matrimoniaux lui conseilla d'écrire en Suède et d'offrir par correspondance son cœur et sa main. Plusieurs réponses lui parvinrent, photographies jointes au papier parfumé de superbes solliciteuses. Voilà mon jeune vieillard emballé ; il télégraphie, prend le paquebot « homewards », débarque à Stockholm, voit, est vaincu, épouse et repart avec sa jolie femme doublée d'une sœur aussi jolie. Belles blondes toutes deux, teint rosé très rose, grandes, gaillardement charpentées, élégantes et surtout connaissant leur degré de beauté.... avec la manière de s'en servir ! On parle de nos Parisiennes, mais ces descendantes des Northmen peuvent leur rendre des points en raffinements de toilette, en caprices luxueux. L'amour heureusement rend aveugle et l'honnête M. Karl restait, grâce à son bandeau, tout fier de ces coquetteries féminines qui ne lui étaient pas destinées en entier. — Contraste frappant, près d'elles était assise une Française entre deux âges, dévote et cagotte ; sèche de nom, de taille et d'habits, sèche dans ses allures et sa conversation, elle nous donnait la sensation d'une carafe d'eau frappée. — Plus loin, une magnifique créole, Mme de F., vrai portrait de Rubens, exquise d'amabilité, gracieuse de paroles, mais indifférente à tout, molle et sans ressort comme presque toujours les demi sang. — Quelques religieuses allant à Pondichéry et Madras, humbles, le nez dans leur verre et leur assiette, êtres de dévouement au sourire doux et résigné. — Des Hollandaises rubicondes, fortes mangeuses, élevant très haut leur verbe, un peu encombrantes, quoique toujours polies et aimables. — Au bout de la table, la fin du monde civilisé, des Japonaises, suivantes d'une ministresse mikadonale qui rentrait en congé avec son diplomate époux : singes habillés à l'Européenne, grignottant et bavardant comme des singes ; très souriantes, très gamines en leurs salutations journalières qui conservaient le rite niponnais. Quelquefois, le soir, en cachette du maître, les petits corps simiesques se faufilaient dans leurs kimonos nationaux si frais de couleurs bleues, si simples et si tendres avec leurs dessins fleuris ; ma foi ! je ne les reconnaissais plus ; la transformation en avait fait de mignardes créatures, originales, de grâce ondulante, l'œil pétillant, un peu lascif, et les coursives s'égayaient de leurs rires perlés d'enfants.

Côté des hommes. Un Allemand, d'une froideur de marbre, blond d'une fadeur de son, qui se rend à Yokohama et ne dit pas vingt mots pendant la traversée. — Un Suisse Zurichois, face satanique à barbe et cheveux rouges, œil ironique, manières brutales ; boit sec, mange pour quatre et se plaît aux grosses farces germaniques. — Un autre Allemand, calme et doux, visage rose de poupée où rêvent de bons gros yeux bleus ; essaie de s'huma-

niser en apprenant le français avec nous. — Tranche-
ment immédiat des races, voici un Espagnol, aussi volumineux, bavard, vantard, brun de peau et de cheveux
que nos Germains sont paisibles, taciturnes, blonds et roses ; nouveau Don Quichotte, notre petit coq Castillan
monte à chaque seconde sur ses ergots ; il va pourfendre
l'Univers ; il l'a déjà pourfendu. Quelle note originale
dans cet embryon d'homme pas plus haut que cela, mais
puissant d'orgueil ! — Je ne suis pas chauvin et j'apprécie
les hautes qualités de nos voisins Etrangers, mais la fines-
se d'esprit, la délicatesse dans les relations, le plaisir de
la conversation, ne se trouve que chez certains Français.
Près de moi, à la table des Suédoises, était placé un jeune
magistrat nommé à Pondichéry, la Colonie des potins ;
sa causerie, un vrai régal ; son esprit, un feu d'artifice ;
sa tenue, une élégance de bon aloi sans vanité ni pose.
Un fin sourire errait, très discret, sur ses lèvres et de ses
yeux veloutés partaient des pétards de non méchante ma-
lice. L'excellent garçon avait trop d'esprit ; il le montra.
Arrivé à Pondichéry, lancé dans le milieu mesquin de notre société coloniale, tiré à droite, adulé, conspué, mordu
à gauche, il comprit vite qu'il allait noyer, sombrer sa
jeunesse. Et, vlan ! il envoya sa démission avec désinvolture. J'eus la joie de le reprendre comme passager au retour de Chine ; il me fit de l'enfer des salons coloniaux
une satire si exacte, si virulente que je n'eus pas de peine
plus tard à comprendre les doléances d'autres fonctionnaires désabusés.

Terminons par un bouquet « jaune ». Primo : Tête
de Chinois, yeux fendus en amande, crâne rasé jusqu'à
la queue, moustache effilée, ensemble vif et intelligent.
Change de costume tous les jours. Cet intéressant sujet du
Fils du Ciel est officier ; il vient de terminer ses études en
Allemagne et, très enfant, étale ses divers avatars d'ha-
billement, tantôt photographié en lieutenant prussien,
tantôt en Européen civil, puis en chinois bleu, blanc, vert
ou noir. Il écorche l'allemand, quelques mots de français,

raconte ses prouesses guerrières, ses voyages et aussi (les Gretchen ne sont pas difficiles) ses succès auprès des Dames de la vertueuse Germanie ; sa poche est garnie, pour appuyer ce chapitre, de portraits suggestifs. A dire vrai, sans parti pris, ce chinois moderniste semble avoir progressé en Europe ; ses remarques sont justes et bien analysées ; il exprime grand espoir pour l'avenir de son pays, mais pas... avant 20 ans. Pourquoi ? — Le même voyage, nous embarquâmes à Hong Kong un type militaire vieux style, tout à fait disparate de celui de notre jeune officier. Le Général Kaw-Tou-Tan, mandarin supérieur, bel homme à moustaches tombantes, représentait bien la Chine tragi-comique ; il partait pour la frontière de Sibérie où les Russes menaçaient après la rupture du traité de Livadia et emmenait derrière lui deux femmes épouses, deux vieilles mamans, quarante secrétaires, officiers inférieurs ou domestiques, plus un inénarrable matériel, lances en bois, hallebardes dorées, parapluies immenses, palanquin, vieux sabres et fusils, paniers à provisions, caisses de poisson salé, sacs de hardes aux couleurs douteuses et jusqu'à des cages à chats. Je n'ai jamais assisté à pareils salamalecs au moment de la partance.

Le Japonais est plus sérieux en initiation militaire ; chez les officiers qui reviennent d'Europe, on constate un admirable entraînement, une préparation parfaite au rôle nouveau que veut jouer l'Empire des mikados. Ces jeunes gens parlent très couramment l'allemand, le français et l'anglais ; ils s'intéressent à tout, regardent, écoutent, notent ; c'est une sève qui monte. — Tout différent, un Japonais civil qui se disait peintre et revenait de Londres après un séjour à Paris ; sa carte de visite l'intitulait « Etudiant » en toutes sortes de choses, mais sa conversation laissait perplexe sur le résultat de ces études ; s'il baragouinait quatre mots d'anglais et un de français, par contre il maniait la palette en véritable impressionniste, tartes aux prunes et aux cerises en Egypte et à

Aden, plats d'épinards à Ceylan, omelettes dorées à Singapore, effets marins de pur indigo ; il « croqua » même un de nos matelots qui, bon enfant, consentit à se reconnaitre ! Comme type, visage sincère de « genuine » orang-outang, tête brune mate, encadrée de poils rudes, hérissés, angle facial fuyant, naseau aplati, œil gris, morne, lèvre épaisse où se fige un sourire éternel. Cet anthropopithèque est vêtu à la mode de Paris ; les cravates d'artiste bouffantes à gros pois, le veston dernière coupe, les souliers vernis lui donnent le ton du boulevardier select, mais... hélas ! quelle haine a-t-il pour son chapeau ! Le pauvre couvre-chef n'a plus de forme ; cabossé, pétri, malaxé par les doigts de l'artiste comme une statuette d'argile, il a pris la tournure classique du bonnet de Compère Guignol. Ainsi coiffé, notre « grand peintre » est désopilant !

Rade d'Aden

Aden a deux rades, la grande sur la mer à l'extérieur, la petite, plus sure, à l'intérieur de la baie ; nous mouillons dans cette dernière en face de *Steamer Point*.

La côte est horriblement belle d'aspect ; c'est un soulèvement infernal de laves aux coulées gigantesques et tordues, aux sommets déchirés, une gamme de toutes les couleurs assombries exprimant la cendre brune ou grisâtre, les basaltes noirs, les trachytes bleus et violets, les éponges pointillées des scories ; on est en présence de volcans figés, saisis et pétrifiés tout à coup, telle la femme de Loth aux temps Sodomiques. Image de la mort ; la montagne est morte ; nulle part un brin de verdure, une gouttelette d'eau coulante. Et l'on demeure surpris, empoigné devant ces effrayantes grandiosités.

Le bord de mer est plus riant ; sur le fond noir de la montagne se détachent de blanches maisons entourées de vérandahs, percées de multiples fenêtres, surmontées de belles terrasses. En rade, mer bleue intense sous un soleil d'or fondu.

Autour du navire, scène attractive. Des cris aigus, métalliques « Ever dive, ever dive » (1), des plongeons subits, des ébrouements tapageurs à la remontée de l'eau et de nouveaux appels rauques « hop, hop, à la mé, à la mé (mer) ; one shilling, Sir ; give money gentlemen (2), ever dive ». Ces cris viennent de la bande des petits plongeurs Sômalis qui se donnent en spectacle à chaque arrivée de courriers : tout nus, la peau lustrée, ouvrant des bouches de cannibales à dents superbes, ils vous regardent avec des yeux noirs, vivants, demi féroces. Ce qui étonne, c'est leur chevelure crépue écrasée sous une plaque de chaux ; il paraît que la chaux fait blondir ; être blond voilà le rêve de la suprême élégance, le secret de la beauté pour cette jeunesse sauvage ; pouvons-nous les blâmer de cette faiblesse, nous que la mode affuble si souvent d'oripeaux grotesques et nos femmes qui se teignent, qui étagent tant de demi perruques ou faux appas !

Les mignons Somalis offrent des corps parfaits de structure et de solidité musculaire ; on les dirait de vieux bronze, couleur et force. Quelle désinvolture, quelle audace dans leurs mouvements, soit qu'ils pagayent dans une minuscule périssoire, tronc de palmier évidé, soit qu'ils escaladent le navire par les porte -haubans et les bossoirs pour faire la culbute dans l'eau et remonter ensuite fièrement, la pièce blanche récoltée entre les dents, quelquefois à mi-plongée. Et voyez-les se battre à coups de charbon pillé sur les mahonnes, ou faire la course de distance de notre bouée à la Corvette anglaise de garde ;

---

(1) Toujours plonger !
(2) Un shilling, monsieur, donnez de l'argent, messieurs, etc, etc !

les plus petits, plus agiles, quoique armés de moins longs bras, gagnent toujours l'enjeu (one rupee). — Et les basculements de canots, rames, pagaies partant à la dérive, rattrapées en un clin d'œil ; la réapparition du canotier sous sa périssoire que d'un coup de tête il redresse ! Et la débandade effrénée, la grimpade tumultueuse dans le creux du tronc d'arbre quand l'ennemi des pauvres plongeurs, l'infâme requin, est signalé. Ils le connaissent, l'évitent, le narguent, ce terrible glouton, avec une témérité qui fait trembler pour eux ; les accidents sont assez rares, mais quelques-uns y laissent une jambe ou un bras. Un de ceux qui entourent l'« Anadyr », garçon de quinze ans, a été ainsi blessé ; il ne lui reste qu'un moignon à la jambe gauche, mais cela n'arrête point son métier ! On sonne le déjeuner ; la bande nous quitte et file à terre ; d'une allure brusque, irrégulière, mais bien rythmée, ils alternent les coups de pagaie de chaque bord par raison de stabilité et de vitesse ; leur agilité est extraordinaire.

Après le repas, je vais à Steamer Point avec la baleinière ; bonne brise, mais soleil implacable, rayons droits, réverbération sur l'eau, dangereuse pour la vue. Nous sommes suivis à l'arrière par un vol de mouettes et d'engoulevents : mauvais signe, car cela sent le voisinage du requin. En effet, un aileron émerge bientôt, volutant à la surface de la mer à l'entour de notre gouvernail ; une seule fois, la tête apparaît, tête affreuse à gueule rentrée en dessous et garnie de crocs dentelés ; j'avais le monstre dans le dos et malgré les 50 degrés solaires, un frisson de froid me passa à travers la colonne dorsale. Brr ! Quelle fâcheuse compagnie !

Le soir, nous eûmes la visite à bord d'hôtes moins farouches, mais fort désagréables ; un essaim de grosses sauterelles du désert. J'en trouvai une douzaine sur mon lit qui se livraient à une sarabande folle et j'eus grand' peine à leur faire évacuer la place par mon sabord.

Mon baptême du feu
La mousson de surroi entre Aden et Galle

(Juin-Juillet 1879)

Huit jours pleins en mer, huit jours de mousson, de coups de tabac, roulis, tangage et de... mal de mer, tel est le bilan de ma première grande traversée de l'Océan Indien ; j'ai subi un baptême du feu « passablement mouillé » et si je ne suis pas sorti de cette épreuve entiérement amariné, il ne s'en est guère manqué !

Départ *d'Aden* le 27 juin au soir ; le navire talonne en passant la barre à cause de la marée trop basse ; nous piétinons sur place pendant un quart d'heure, mais sans avarie. La nuit est sombre quand le phare est doublé à bâbord et que nous nous enfonçons vers le Sud.

Monsieur Neptune commence à se fâcher ; il gronde, nous insulte et lance quelques vagues méchantes, prémonitoires d'une méchanceté plus grande, contre notre coque qui ruisselle et vibre déjà doucement. On prend partout les précautions de mauvais temps ; les écoutilles sont fermées, revêtues de capots ; les vitrages des machines, les cages d'escalier sont condamnés du côté bâbord d'où va souffler la tempête de Sud Ouest. Dans les cabines, sabords et hublots sont aussi abattus et les vis de cuivre serrées à bloc. Sur le pont on garde encore les tentes, mais les tauds ont été relevés et cargués. Bientôt, dans les coursives et les faux ponts, l'air devient désagréable, presque nauséabond.

La nuit est mauvaise et je ne puis dormir dans le vacarme des parois, colonnes de panneaux de cales, agrès qui remuent, portes de cabines qui grincent et battent, mais surtout de l'assaut continuel de la mer contre les flancs du navire ; ma pauvre tête n'est séparée de cet assaut que par quelques centimètres de tôle et j'ai beau me rouler les oreilles jusqu'au fond de mon oreiller : j'entends

toujours ce hurlement formidable du vent et de l'eau salée en bataille. Oh ! la vilaine nuit !

Le 28, la mer devient plus grosse ; nous entrons dans
ce qu'on appelle « la Gerbe », figure très imagée de la
courbe que prend la mousson en s'infléchissant depuis le
Golfe Persique le long des hautes côtes d'Arabie vers le
Cap Guardafui Africain. C'est ici qu'on reçoit le plus rude choc des vagues et que le roulis acquiert sa plus grave
amplitude ; malgré toutes les précautions prises, les of-
fices ont une partie de leur vaisselle secouée, rejetée en
l'air et brisée sinistrement ; de ma chambre j'entends ce
bruit sans broncher, tellement je suis abruti par le mal
de tête et occupé à me cramponner sur les planches à
roulis de ma couchette.

.Vers midi, reprenant courage, je me lève, m'habille
avec force mouvements acrobatiques et monte sur le pont.
Le grand air me regaillardit, mais quel spectacle ! La
mer n'est qu'un immense paquet d'écumes que le vent
fouette et sème à tort et à travers en longs jets divisés ou
en énormes meules liquides ; de couleur il n'y en a plus ;
ni bleu, ni blanc, ni noir ; un gris sale jaunâtre, verdâtre
sans fixité de teinte. Au ciel roulent des nuages affreux,
bistrés, grisaillants, neutres, que transperce par moments
un maigre soleil. A chaque minute, les embruns balaient
le pont et si l'on n'y prend garde, flac ! on se retrouve
trempé. Ce qui surtout impressionne, ce qui déclanche
l'estomac et brouille le cerveau, c'est cette balançoire
terrible qui, par une illusion d'optique, nous fait voir la
mer monter jusqu'à l'horizon, vers le ciel, puis subitement
descendre au dessous du navire comme s'il restait sus-
pendu. J'en ai encore la hantise. Bien arc-bouté sur la
banquette du carré où j'étais parvenu à pouvoir écrire,
je n'osais plus regarder par la fenêtre, tellement ce jeu
d'escarpolette de la nature me suggestionnait ! A la longue, je m'y suis fait tout de même.

Le 29, un Dimanche, la tempête redouble, la mousson siffle, hurle dans la mâture ; notre bel « Anadyr » se

conduit en brave, mais ses vibrations sont épouvantables
et la coque tremble tellement aux coups de rappel qu'elle
semble prête à se désagréger ; un monotone « ta te ta te ta »
remplit lugubrement les oreilles. On établit une voile goë-
lette pour appuyer le navire ; elle se fend en deux avec
un déchirement sec vers midi. A 2 heures, la mer se fait
plus maniable ; nous approchons de *Socotora* et bientôt
nous en suivons la côte à un mille environ, ce qui nous
met légèrement à l'abri et nous permet d'examiner à la
lunette les détails topographiques de cette île peu connue.
Socotora a été, depuis, acheté par les Anglais au Sultan
Arabe qui en était le principal possesseur ; on y cultive
le café et la canne à sucre ; la population est estimée à
4.000 habitants appelés les Nosangelis, ancien nom grec
qui signifie « les envoyés dans l'île » probablement. Cli-
mat chaud, mais vers les sommets des montagnes qui
nous paraissent assez élevés, l'air est tempéré et très sa-
lubre ; de longues vallées de sable rouge cachent des recoins verdoyants où vivent des troupeaux de chèvres ;
sur les rivages, quelques points d'eau avec des palmiers et
des huttes. J'ai un plaisir intense à contempler les détails
de cette terre superbe, du haut de la passerelle, et à
bourrer largement de brise mes poumons desséchés. Hélas ! comme tout ici-bas, ce plaisir ne peut durer longtemps ; Socotora commence à s'effacer et nous entrons
dans l'Océan Indien pour ne plus rien voir jusqu'à Minicoy et Ceylan.

    30 juin. — Le large, le large infini, illimité, la plaine
liquide à perte de vue, un horizon cerclé où se mélangent
ciel et terre dans le gris. La mousson rage toujours, mais
nous sommes hors de la Gerbe ; le vent est bien établi, régulier, le roulis normal. Nous mettons toutes les voiles,
focs, misaine, grande voile et brigantine ; le navire appuyé se redresse fièrement et nous gagnons un nœud de
vitesse. J'oublie mes malaises en admirant la voilure et les
manœuvres d'orientation des vergues que dirige le Maître
d'Equipage à joyeuses modulations de sifflet.

1er et 2 juillet. — Gros temps ; pluie à verse, grains successifs. Nos pauvres matelots passent leur temps à baisser et relever les tauds. Des poissons volants, éclairs d'argent bleu, circulent, fendant les lames autour de nous ; dans les coups de roulis, il en tombe quélques-uns à bord et les amateurs les portent à la cuisine.

3 juillet. — Mer houleuse. Vers 3 heures du soir, un homme descend de la passerelle, porteur d'un billet pour le Commandant. Il y a du nouveau ! Et tout le monde se précipite du côté où l'on voit les officiers braquer leurs lunettes. Comme j'ai vue de presbyte, j'aperçois vite, à 4 milles environ, un large bouillonnement d'écume qui se heurte sur le même point et dont la blancheur moutonneuse tranche sur l'immensité grisâtre. Bientôt je distingue des brisants, un îlot noir. C'est *Minicoy*, joyau de verdure, la dernière attache de la chaîne des Laquedives, archipel bizarre parallèle à l'Inde et séparé de l'archipel des Maldives (1) au sud par le chenal des 8 degrés. A 3 h. 1/2 on voit les cocotiers de la rive et rien ne peut exprimer le bonheur enfantin que chacun éprouve à regarder la terre dont nous étions sevrés depuis quatre jours, la végétation fraîche, la verdure nouvelle, disparues pour nous depuis Naples. Hurrah for Minicoy !

L'îlot est très dangereux à cause de ses récifs, atolls coralliens ; un grand navire anglais s'y est perdu dernièrement. Population assez nombreuse de pêcheurs, hardie et douce.

4 et 5 juillet. — Grosse houle du sud, très supportable. Depuis 5 heures du matin, le 5, on voit les cocotiers et l'écume qui se brise sur la côte de Ceylan ; bientôt nous ralentissons la marche ; un son de cloche lugubre, bizarre, semblant sortir du fond de l'eau, nous arrive et signale la direction de la baie. Un morceau de bois à forme curieuse bondit sur les vagues, s'avançant vers

---

(1) Maldives signifie les mille Iles (Mal-Diva) : Laquedives, Lakkadiva — les 100.000 Iles, en Hindou-Sanscrit.

l' « Anadyr » ; c'est le Pilote dans son catimaron cingalais, embarcation à balancier. Il monte à bord assez diffi-
cilement et nous mène droit au mouillage ; voici la bouée
mobile armée d'une cloche d'alarme, celle que nous avons
entendue tout à l'heure et qui, secouée par la houle creuse
du voisinage de terre, continue à résonner comme un
glas ; voici le phare blanc à gauche, la ville dans un repli
de vieux remparts, la plage des cocotiers merveilleuse de
pittoresque avec un malheureux navire échoué, désem-
paré sur la droite non loin de l'Ilot Aubert, parc à char-
bons des Messageries. Par le travers du phare, le commandant ordonne : « Tribord mouillez » et l'ancre tombe
avec un bruit de tonnerre.

Seconds Capitaines

Le second, comme l'adjudant à la caserne, est le chien
du bord. Il faut qu'il ait l'œil à tout, à la discipline, à la
propreté du navire, au recrutement et à la bonne tenue de
l'équipage, à l'embarquement et au débarquement des marchandises, à la surveillance et au renouvellement du matériel ; sa charge est multiple et complexe. Quand cela
marche, il n'a pas de compliments ; si cela ne marche
pas, c'est lui qui « écope » ! Il se venge en grinchant
contre les matelots, contre les lieutenants, contre le commissaire, contre les passagers ; certains jours, véritable
hérisson, il est inabordable.

Et cependant, en dehors du service, le second est un
homme que j'appellerai humain ; il a bon cœur, le sens
juste, et surtout il paie d'exemple.

Quelques types au hasard : *Berfaut*, le vrai loup de
mer, barbe et crins hérissés qu'il peigne... quand il a le
temps, yeux de travers, l'un surveillant tribord, l'autre di-

rigé vers bâbord, joues bronzées, bouche tordue par l'usage de la pipe, casquette enfoncée sur le front, mains dans les poches, jambes en triangle, démarche roulante à donner le mal de mer. Comment cet être si desservi par Dame Nature a-t-il pu décrocher les deux galons d'or ? suivez-le à l'œuvre et vous comprendrez. Deux quarts à faire, celui de 4 heures du soir et de 4 heures du matin ; entre les quarts, au lieu de se « vautrer dans la plume » comme les jeunes lieutenants, il apparaît sur le pont, dans la cale, sur le gaillard, au magasin ; il préside au lavage, inspecte l'astiquage, la manœuvre des voiles, secoue les endormis, encourage les ardents : « Allons, morbleu, un peu de sang dans les veines. » Dans les ports, à l'amarrage, à l'appareillage, devant les écoutilles, on ne voit que lui. Comme Dieu, il est partout et voit tout. Quand dort-il ? mystère.

Grognon, aimable, criard, timide tout à la fois, il fuit les passagers. Se plaint de la cuisine, de son estomac malade, mais le condanme à absorber quantité de pickles, vinaigrettes et larges purées d'absinthe, ne cause qu'à sa pipe. Sait qu'il ne sera jamais nommé Commandant, mais ne s'en fait aucune bile. Philosophe genre Diogène !.

Raugy est une médaille dorée, brillante, mal frappée cependant, si Berfaut est de la monnaie ternie, mais solidement marquée. Second gentleman, tenue coquette, casquette artistiquement posée sur le crâne, grand, air fat, émanations musquées, paradant vers le pont arrière, section des Dames passagères, mielleux avec le Commandant. Ses fonctions, il les partage avec le Maître et le Capitaine d'Armes ; peu importe qu'ils gouvernent pourvu qu'il règne ! L'équipage a bon temps avec lui et ses vêtements à la mode ne se défraichissent pas souvent au contact du goudron et de la poussière des magasins ou des cales.

Lui, ne fume pas la pipe, mais il arbore de délicieux et très gros londrès. Lui, il parle, il parle moko avec l' « assent » parisien et sa conversation prétentieuse fait sourire. Ne grinche pas contre les autres officiers, mais

les toise du haut de sa vaniteuse grandeur. Passera probablement Commandant.

J'ajoute à ce portrait quelque peu méchant que, pour
l'honneur de nos Capitaines, le type Raugy était presque
une exception ; j'eus le bonheur dans ma navigation de ne
plus rencontrer son pareil. *De Raivaux*, ancien Capitaine
de voilier, manœuvrier habile, amoureux de la toile, nous
charmait avec ses récits extraordinaires de voyages à
l'ancienne mode, il était fort instruit, distingué, scrupuleux
au possible. A part quelques boutades, il aidait, conseil-
lait les jeunes, favorisait tous les services dans une union
complète pour le bien du Bord et de la Compagnie. Que
de leçons pratiques il me donna dont je lui suis encore
aujourd'hui reconnaissant ! Excellent musicien, nous lui
dûmes souvent de ne pas prendre le spleen pendant les
longues soirées d'hiver dans la baie de Yokohama ; quand,
enfermés au carré, la bise noire sifflant au dehors, la neige tombant en douceur triste sur la côte japonaise, nous
restions silencieux, le second appelait le Boy et lui com-
mandait d'aller chercher son « cercueil ». Nous voyions
introduire comme caisse funèbre un immense violoncelle
et le régal pour nos oreilles débutait en mélodies senti-
mentales où l'instrument parlait une langue émouvante
de sa voix presque humaine. Je me rappelle toujours la
« Mort d'une Poupée » ; le violoncelle grave pleurait, se
lamentait, et tous, nous écoutions, bouche close, le regard
humide, cette musique empoignante.

Citons enfin un second Capitaine bourru bienfaisant,
Finrat, bloc de chair épais découpé dans du roc, rouge
sanguin comme les Bourguignons dont il avait la race,
ronchonneur de premier ordre, refusant tout, puis, deux
minutes après, envoyant le timonier pour offrir de faire ce
qu'il avait refusé sur le premier moment de rage, consciencieux marin sous tous les rapports. Jamais je ne me suis
tant « attrapé » avec un homme et jamais je n'ai eu meilleur ami ; on se chamaillait, mais on s'estimait ! — Il était
surtout amusant pendant les repas du Carré qu'il prési-

dait ; on était divisé en deux camps, les mangeurs d'huile
et les partisans du beurre, Sudistes et Nordistes. Le Second
étant du Nord (car pour les Provençaux le Nord commence à Valence) prenait avec fougue la défense de la cuisine beurrée ; les mécaniciens, tous Marseillais ou Bordelais,
prenaient à leur tour un malin plaisir à prôner l'huile d'o-
live et Finrat entrait dans une colère folle quand le clan
de l'opposition, refusant de déguster une omelette au beurre, faisait demander au chef des œufs au plat... à l'huile.
Il m'en voulut toujours un peu de ce que bénévolement je
restais neutre, désarmant les deux camps par mon aveu
que j'aimais les deux cuisines ; il m'appelait alors un faux
frère. Que de fois j'en ai eu le sourire !

Rade de Point de Galle

Nous restons trois jours sur rade en attendant le courrier de Calcutta. Curieuse vie : d'abord, nous continuons
à rouler, mais, le navire étant à l'ancre, le roulis devient
mathématique, très doux, très régulier dans la note du tic
tac d'une montre ; on s'y habitue fort vite ; cela berce et
jamais je n'ai si bien dormi comme mangé de plus bel appétit : après sept jours de secousse et disette, j'en avais
besoin ! Et puis, nous évoluons autour de notre ancre,
jouant au vire vire en même temps qu'à l'escarpolette,
phénomène original, nouveau pour moi, marin en herbe,
et conséquence des mouvements de la marée.

La scène la plus grotesque, scène de gaieté incessante,
était l'embarquement ou le débarquement de ceux qui
allaient à terre en catimaron ; cet esquif primitif consiste
en un long boyau creux et étroit où l'on a juste la place
d'introduire les jambes ; pour s'y infiltrer et s'asseoir, il

faut un coup d'œil extraordinaire, d'autant plus qu'accostés au bas de l'échelle, les bateliers doivent s'en tenir écartés pour ne pas être écrasés au coup de ressac ; tantôt la vague se creuse et l'embarcation s'enfonce ; inutile de sauter alors ; on se briserait les jambes ou l'on glisserait à l'eau ; tantôt le flot monte et ramène le catimaron à fleur du plateau de l'échelle ; c'est l'instant fatidique pour opérer. Mais, en remontant, la vague dépasse quelquefois le plateau qu'elle inonde ; l'imprudent ou le malin qui veut exhiber ses talents de souplesse est certain de son petit paquet de mer entre les mollets ; il doit remonter sur le pont trempé comme un barbet et recevoir les quolibets de ces Dames (sexe aimable, mais sans pitié). Que de farces méchantes ces terribles belles passagères ont ainsi commises avec leurs œillades et leurs appels suaves ! On les regarde, on leur sourit et... plouf ! vous voilà aspergés. Mesdames, à la fin, ce qu'on se méfiait de vous !

La traversée à terre est charmante en catimarons ; ils dansent avec la lame sans brusquerie, bien équilibrés par leur balancier cordé, pièce de bois arrondie et effilée aux deux bouts qui fait contrepoids au tronc de cocotier où l'on est assis.

Température agréable ; la chaleur tropicale est atténuée par les « grains », orages de pluie qui éclatent subitement en ondées effrayantes pour cesser aussi rapidement. Cinq minutes avant ou après le grain, le ciel est bleu et le soleil dore la nature de sa splendide lumière.

Le 8 Juillet à 6 h. 1/2 du soir, branle-bas ; on repart. Il faut se hâter, car la nuit devient très noire ; il n'y a plus ici ni aube ni crépuscule. Le chenal est étroit ; de tous côtés, des brisants qu'on voit blanchis d'écume à travers le noir. Aussi notre pilote fait-il allumer le long du chenal une ligne de feux de Bengale rouges et blancs : on dirait un soir de fête et la sortie est, me dit un Anglais, « fully picturesque ».

Nous retrouvons dehors la grande brise de S. O. et la longue houle du sud.

Entre Galle et Singapore

Nuit du 8 et journée du 9 juillet. Mer toujours agitée, roulis continuel, mais nous avons toutes nos voiles dehors et c'est un plaisir que de rouler, tellement le va et vient est devenu doux. On a piqué vers le large au sud des *Andamans* et des *Nicobares* ; pas un seul navire en vue ; par contre, nous passons à côté d'un énorme cachalot, presque une baleine, endormi et bercé par la lame ; le monstre se réveille brusquement, lance un superbe jet d'eau et plonge pour reparaître un peu plus loin. Nous rencontrons le soir un troupeau magnifique de bonites ; à peine se dérange-t-il à notre approche. — 10 et 11 juillet, même temps, même allure ; grains par intervalles. Le ciel et la mer se disputent en effets de lumière un maximum de beautés ; à mes yeux qui n'ont point encore perçu de semblables merveilles, se déroulent de grandes ombres violettes que traverse le soleil en traînées d'or ; l'horizon s'irise de toutes les prismatiques couleurs que ces traînées décomposent dans un rideau de brume allongé. Par-dessus ce rideau, des plaques de rose tendre mêlées de raies noires ; encore plus haut, des fonds de bleu exquis, puis des globes gigantesques de nuages orangés. Sur l'eau, c'est une danse magique de perles blanches, d'améthystes cristallins, d'émeraudes en cascades, un tapis mouvant d'anneaux et de chaînes d'or. Plus on s'approche de la terre de *Sumatra*, plus ces tableautins de peinture intense se diversifient, et quand nous entrons dans le Canal, la côte ajoute ses chatoiements lointains aux splendeurs colorées du ciel et de la mer ; c'est presque l'apothéose ! — 12 juillet. *Pointe d'Achem* ; vue plus détaillée des rivages de Sumatra ; la verdure y paraît exubérante. — Croisé un navire à voiles anglais chargé de toile ; rien de plus beau. Comme notre « Anadyr » est peu esthétique à côté ! — 13. Nous sommes abrités complètement par les côtes ; calme parfait. Le navire a repris son aplomb normal et moi encore plus que lui. Je respire, je revis ; dans mon extase vis à vis des magnificences tropicales, j'ai déjà tout oublié. *Poulo Jarra* aperçu à 7 heures du matin. Nous entrons dans le détroit de Malacca. Le soir, représentation théâtrale donnée à notre intention par une troupe de bonites en goguette ; ces gros poissons aux reflets d'ardoise font la roue, dansent, sautent, recourbent leur jolie croupe en replis onduleux, battent l'eau de leurs queues et nous escortent en se bousculant. Tous les passagers penchés sur les lisses regardent et rient comme de grands enfants. — 6 heures du soir. En vue, le feu de *Rashada*. — 11 heures. Par le travers de la ville de *Malacca* dont nous voyons distinctement les feux alignés le long du port. — De 7 h. à 9 heures du soir, orage impressionnant, éclairs sinistres, coups de tonnerre à répercussions multiples, ciel de poix tournant au bleu indigo foncé ; une queue de trombe se forme à deux milles environ de notre passage ; elle balaie la mer comme un fouet gigantesque et nous nous tenons prêts à tirer le canon pour la dissoudre si elle se rapproche. Heureusement elle s'évanouit. Les trombes d'eau sont très fréquentes en ces parages à raison du voisinage des petites îles qui foisonnent et semblent concourir à leur formation ; elles sont dues probablement au tourbillonnement des nuages bas dans l'intervalle des ilots ; ne se rencontrant pas, ils se précipitent vers la mer et y aspirent de l'eau avec une terrible puissance dans une sorte de succion giratoire. Après l'orage, un vent frais exhalé de la terre nous apporte des senteurs exquises, effluves de fleurs, de plantes aromatiques, de sol parfumé ; une blanche lueur envahit le ciel, la lune argentée monte et le restant de la nuit est souverainement adorable. — 14 juillet. — De tous côtés, au petit jour, émergent des archipels de verdure ; des centaines d'iles mignonnes sont suspendues entre ciel et mer pareilles à des bouquets de fleurs ou des prairies de feuillage tendre, séparées de la surface de l'eau par une barre diaphane, mauve, laiteuse ou rosée ; malgré soi, on cherche au firmament le fil ténu qui attache ces énormes bouquets et les soulève au dessus de l'horizon. Décidément on est ici en pays de rêve, en pays paradisiaques. — On explique ce phénomène par un effet de mirage visible uniquement le matin, aux heures où la densité des couches d'air superposées varie brusquement, l'une déjà très échauffée, l'autre restant fraîche de la rosée nocturne ; la surface de séparation fait office de miroir. Verdure franche de la terre au milieu d'une nappe argentée et cette nappe elle-même reposant sur le bleu crû de la mer : que tout cela est beau et que Dieu est grand dans ses œuvres !

Léger arrêt au *Roc Sultan* ; on sonde ; fond de 32 mètres. On repart à petite vitesse. *Singapore* ; accostage du wharf à 10 heures du matin ; les pilotis sont criblés de coquilles et percés de trous de tarets. Tout autour du quai, paysage féerique ; végétation aux couleurs variées, tendres ou fortes, qui tranche sur le fond rouge sang de la latérite, sol extraordinaire de ces régions équatoriales.

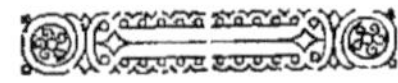

Embarquement du charbon

Vous connaissez l'adage lorrain : « Qui s'y frotte s'y pique ». A bord d'un navire qui fait son charbon, il faut dire : « Qui s'y frotte s'y noircit ». Aussi c'est un exode général à terre, « on shore », de tous ceux que leur service ne retient pas sur le bâtiment. Il faut pourtant renouveler la provision des soutes !

On fait au navire un vêtement de circonstance ; il se calfeutre de vieille toile comme les matelots s'engoncent dans leurs cirés jaunes pendant les gros temps ; les sabords sont hermétiquement fermés, les batteries condamnées, descentes d'escaliers et clairevoies enmitouflées de capots gris ; tout ce qui craint la noire poussière est recouvert ou masqué. Malheur aux condamnés qui restent bloqués dans les faux ponts : ils ont vite fait de tirer la langue, tellement la chaleur devient épouvantable !

Et bientôt commence le va et vient des sacs de charbon, soit par mer dans les longs chalands spéciaux, soit sur le wharf comme à Singapore ; une colonne de fumée noirâtre monte autour de la coque et sur le pont, que le charbon soit précipité dans les soutes par les « port holes » d'extérieur ou acheminé sur le pont et vidé dans des trous ad hoc ; les coolies crient, ahanent, chantent ; nos chauffeurs sômalis leur répondent et c'est un tableau fortement dessiné, très vivant, que cette agitation de corps nus, noirauds, courant, grimpant et redescendant en cadence.

A Singapore, on emploie 4 à 500 coolies chinois pour accélérer l'opération ; ils prennent le charbon dans les parcs installés près du wharf et s'avancent en file longue, deux à deux, portant des sacs et des couffes suspendus à un gros bambou ; le premier porteur crie « hop » d'une voix musicale et le second répond de même en écho, en sourdine. Cette grappe humaine escalade des planchons branlants et revient sans un faux pas, toujours au petit trot. Quels rudes travailleurs ! Semblables aux abeilles et aux fourmis, ils ne s'arrêtent qu'à la fin de la tâche ; jamais on ne les voit, comme nos Européens, cesser le travail pour fumer une pipe, lire le journal, ou tailler une causette.

C'est fini : la dernière couffe est jetée ; la scène change, de plus en plus curieuse. Dans un coin abrité de rochers, étincelante sous le soleil, une jolie mare entretenue par les dernières pluies invite à la baignade ; nos Chinois s'y plongent, s'ébrouent, se frottent les membres tels un troupeau de canards en un bousculement effréné. Peu à peu, reparait la peau jaune brune, bien luisante ; la chaleur la sèche rapidement et chacun réajuste le costume national après avoir déroulé la queue que pour le travail on avait ramassée autour du crâne. La foule, bien rafraîchie, bien lavée,... tout doucement s'écoule et le silence se fait autour de la flaque d'eau maintenant couleur de suie.

A bord, on enlève les capots et les toiles ; la pompe marche et arrose le pont, la muraille de la coque, de flots d'eau salée ; le navire ruisselle de toutes parts ; lui aussi, astiqué, baigné, se sèche au grand soleil et se refait coquet. On rouvre les sabords et la brise de mer pénètre vivifiante dans les batteries : messieurs les passagers peuvent revenir !

La vie à bord

On ne vit pas sur un navire comme sur le plancher des vaches ; malgré les progrès et le bien-être de la navigation moderne, il y a toujours un je ne sais quoi dans la vie journalière qui se sépare de l'existence méthodique du terrien.

Le matin, à 4 h. 1/2 ou 5 heures suivant la saison, grand lavage du pont ; les hommes, pieds nus dans l'eau salée que leur prodigue avec une lance de cuivre le chef de bordée, briquent le plancher en remuant du sable et passent ensuite les balais en cadence. A lieu maintenant le séchage à coups de faubert, puis le fourbissage de tous les cuivres, l'astiquage des couvertures de bittes, des treuils, l'enroulement artistique des cordages, la propreté générale. Scène typique que j'aimais à contempler, pieds nus moi-même, en pynchama et chin-chin. A 8 heures, tout était paré, flambant neuf pour l'arrivée sur pont des passagers en toilette.

La tenue correcte était en effet obligatoire de 8 heures du matin à 8 h. du soir ; passé ces heures, liberté de costume à condition de rester décent. Qu'on était donc à l'aise en sandales et pantoufles chinoises, sans le faux col carcan et le plastron de chemise amidonnée !

Le service est réglé par quart, c'est-à-dire par espace

de quatre heures et non par le système de 12 heures. La passerelle et le gaillard d'avant qui lui répond consciencieusement donnent, pour marquer les heures du quart, les coups de cloche ainsi distribués :

Midi 1/2 : un coup. 1 heure : un coup double. 1 h. 1/2 : un coup double et un simple. 2 heures : deux coups doubles. 2 h. 1/2 : deux doubles, un simple. 3 heures : trois coups doubles. 4 heures : fin de quart, quatre coups doubles.

Et cela recommence de même pour le quart de 4 h. à 8 h. du soir, de 8 h. à minuit, etc. etc. A chaque nouveau quart, la bordée de matelots et chauffeurs change ; sur le pont, c'est le sifflet du maître qui appelle la nouvelle bordée. Quant aux officiers, un timonier vient les prévenir dans leur cabine un quart d'heure avant la prise de poste.

A la nuit, on allume les fanaux règlementaires sur les flancs de la passerelle, vert à tribord, rouge à bâbord ; des feux de position sont aussi hissés à l'extrême pointe du mât de misaine. Un homme reste de bossoir sur le gaillard d'avant pour surveiller et *piquer* les feux qu'il relève dans la nuit ; on pique un, deux ou trois coups selon que le feu est aperçu droit devant, à tribord ou à bâbord. Que de fois j'ai tenu compagnie à cet homme, surtout les soirs d'atterrissage ; quelle joie de prendre le frais, d'aspirer la brise toujours pure à cet endroit avancé du navire, de voir l'étrave couper la lame en un bruit doux et berceur, avec des moutonnements violets d'écume, de fouiller enfin l'horizon en tendant l'acuité presbyte de mes jeunes yeux. Il m'est arrivé souvent de voir le premier ce feu que l'on cherchait, laissant au brave matelot le soin et le plaisir de piquer la cloche dans les règles. Et j'étais fier de devenir un peu marin ; l'équipage me considérait déjà mieux qu'un novice ; je ne passais plus pour une « mazette » et comme j'aimais leur métier, les hommes m'en avaient reconnaissance.

Une caste originale à étudier, ce sont les chauffeurs et soutiers Arabes ou Sômalis. Recrutés à Aden, engagés pour le voyage aller et retour, enregistrés sous l'œil vigilant des autorités anglaises, du consul de France et de l'agent des Messageries qui, lui, fait les avances de roupies, ces rudes gaillards appartiennent à plusieurs races, Arabes purs sang de la vieille Arabie, bruns ou blancs bronzés, Sômalis de Guardafui ou de Socotora, presque tous noirs, à cheveux plats, quelques nègres à chevelure crépue. Tous sont grands, forts, bien découplés, à figure douce et intelligente ; notre médecin les visite avant l'enrôlement définitif. Chaque équipe a son chef qu'on appelle *Surang* et qui est en même temps prêtre et cuisinier ; il est choisi par les hommes d'après sa force, sa taille et ses capacités ; tout en exerçant son autorité avec une main de velours, le Surang sait faire respecter la discipline. C'est à lui seul que les Officiers passent les ordres ou adressent les reproches ; il est assisté de deux ou trois caporaux (Tindals). Il faut entendre en mer les chants bizarres de ces Fils du désert, chants de tons uniformes, de mêmes notes scandées, quand ils vident les escarbilles, et au port, lorsqu'ils embarquent le charbon ; ils ne font aucun mouvement sans chanter et leur mélopée suit symphoniquement chaque coup de collier.— La prière du soir est dite au milieu d'un calme recueilli ; le Surang récite à haute voix les premiers versets et les hommes continuent à la façon de nos litanies. Pendant la traversée, cette cérémonie saisissante se déroule à bâbord près de la descente des machines ; à Shanghaï, à Singapore, sur les Wharfs en un coin solitaire. — Le 8 Août, grande fête religieuse pour nos chauffeurs ; le Commissaire à cette occasion leur donne un mouton que le Surang tue lui-même selon les rites, trente kilogs de farine pour faire des gâteaux, des légumes secs, du riz et du ghee, leur graisse de chameau préférée : tous ceux qui ne sont pas de service tirent des sacs leur toilette des grands jours et se coiffent du fez rouge traditionnel ; il faut assister à leur joie d'enfants heureux ; ce jour-là ils sourient de toutes leurs dents blanches.

Au retour du voyage à Aden, une partie de ces Arabes débarquent et se font remplacer ; ils vont porter au village familial leurs belles économies ; dès la veille, on s'astique, on se rase, on se pomponne et c'est, costumés comme des milords, les bras chargés de paquets et de bibelots de Chine, sans oublier la matraque légendaire et obligatoire, que les débarquants vont à terre.

Les Boys chinois font à bord une caste différente de leurs camarades chauffeurs ; le contraste est frappant. Si l'Arabe est grand enfant, chanteur, mobile d'impressions, foncièrement religieux, le Chinois semble indifférent à tout, renfermé, peu bavard, ignorant les pratiques religieuses ; il ne chante jamais ; par contre il fume et joue terriblement. En service, hommes parfaits, corrects, discrets, très stricts dans leurs devoirs, très intelligents ; ils comprennent tout à demi mot malgré leur faible connaissance de notre langue ; excellent caractère en général ; c'est une belle race de travailleurs. Ils sont dirigés par un Caporal qui n'a qu'une autorité nominale. Note caractéristique : serviteurs très propres, très adroits de leurs mains, ne cassent presque jamais rien, à surveiller cependant sous le rapport de l'honnêteté ; il ne faut pas les tenter. Cette réflexion s'applique à la gent domestique des navires ; car, à terre, les boys choisis, comme les négociants et les Chinois d'éducation supérieure, ont une loyauté des plus scrupuleuses, un véritable respect de la parole donnée ; on ne pourrait guère en dire autant des Japonais !

Revenons à nos mathurins, à nos bons matelots français. Ils sont intéressants à étudier dans leurs petits travers et jalousies locales. Le Marseillais, le Moko, épithète que lui décoche son ennemi le Breton, est beau parleur, il sait tout, a tout vu, est bon à tout ; reconnaissons qu'il a des talents de débrouillard, mais que quelquefois il est un tantinet « rossard » ; à côté de cela, bon enfant plein de bagout et d'esprit, cœur sur la main et doué d'une jolie voix ; musicien de tous calibres et possédant, j'allais l'oublier, l'accent du crû. L'*Agathois* est aussi bon marin, mais quel « fouinard », quel grincheux, mon Dieu ! Le

Toulonnais ressemble au Marseillais, mais... en moins bien. — Quelques rares Bretons ou Basques s'intercalent parmi les Méridionaux ; ils sont mal vus par les Provençaux. Le *Breton* est dur à la fatigue, excellent voilier, assez discipliné quand il n'a pas bu ; son intelligence toutéfois manque de vivacité. Le *Basque* réunit les qualités des deux races : alerte, solide, hardi, très artiste ; mais quel orgueil ! On sent qu'il est voisin, presque cousin des Hidalgos.

J'ai gardé pour la fin le type le plus complexe, l'envahisseur, le maître, après Dieu et le Capitaine, du navire : le *Corse*, race extraordinaire, magnifique de qualités, terrible dans ses défauts ; marins d'enfance, experts en tous les trucs du métier, disciplinés, dévoués ou, à rebours, rageurs, intrigants et monteurs de cabales ; on dit d'eux, Corse tout bon ou tout mauvais, comme la Femme, Ange ou Démon ! Et c'est absolu de vérité.

En service, par les mauvais temps, cet amalgame de caractères humains, de races diverses de marins se fond en une unité solide, compacte, et chacun développe à sa façon son initiative ; chez les gens de mer il y a toujours de la ressource.

Le dimanche, à la mer, c'est alors qu'il faut les voir tous ; après midi, campo. Liberté d'allures. On installe le gros loto ; chacun reçoit un carton, les uns vautrés sur le pont, les autres jambes pendantes sur le mât de charge de l'avant, qui à cheval en travers du treuil, qui accroupi à l'orientale sur un rouleau d'amarres ; il y en a sur les capots des secondes et des troisièmes ; d'autres, les malins, ont su conquérir un siège avec les bittes de fonte. Les maîtres et chefs de bordée sont favorisés de pliants de toile ; et le tirage commence, exécuté par le plus fin loustic de la bande qui connaît les travestissements de chaque numéro. Les répliques égrillardes, les rires des passagers, les cris des gagnants se mêlent au pépiement des volailles, au ruminement des bœufs qui de leurs cages assistent à la scène : une intensité de couleurs ; une joie de vie partout.

N'est-ce pas un tableau original ?

Vers le soir, lotos remis dans leur sac, la musique fait son entrée, entrée cocasse et carnavalesque sous forme d'accordéons, de ronflons (petit tonnelet genre baratte à beurre, recouvert d'une peau de cochon et percé d'un trou où manœuvre un piston de bois), de triangles, de barres d'acier, quelquefois de fifres aigus prêtés par les Arabes. En avant le concert, en avant la danse, en avant les chansons d'amateur dites avec gravité, avec des liaisons comiques, la main sur le cœur, les yeux béatement levés vers le ciel. Bravo ! Bis ! Avanti ! Encore ! crient les assistants. — Puis le quart de huit heures est piqué à la cloche argentine ; le bal s'arrête ; silence. On n'entend plus que le glissement tranchant de l'étrave sur la mer phosphorescente. Les étoiles s'allument de toutes parts et le long des bordages du navire, chacun rêve un peu, avant d'aller dormir.

Singapore à Saïgon

Départ 16 juillet, avec la marée du matin. On se déhale doucement du Wharf qui craque comme les os d'un squelette sous la pression de notre coque énorme malgré les tampons amortisseurs ; puis lentement la machine met « en route ». — Mer calme, étale ; elle n'a jamais pour moi paru si coquette et si gracieuse ; un vrai lac. Aperçu un navire échoué au Cap Romania ; derrière nous, le groupe d'îlots du détroit, bouquets suspendus sur les eaux que nous avons déjà admirés en arrivant. Le large. Quelques grains par intervalles, tantôt à l'est, tantôt de l'autre bord ; nos braves matelots passent leur quart de bordée à essuyer le pont avec les fauberts, à rouler ou desserrer les tauds.

4

A 3 heures du soir, les îles de *Poulo Aor* se profilent à bâbord ; nous marchons à grande vitesse droit au Nord. La nuit est merveilleuse, une de ces nuits tropicales faite de brisette fraîche, de parfums embaumés ; les étoiles brillent si scintillantes que, phénomène extraordinaire, presque inconnu en Europe, elles se répercutent dans le miroir liquide en longues traînées d'or avec l'intensité de rayons lunaires ; la mer se prête amoureusement à ces jeux de lumière magique, car elle est unie comme un marbre, cristalline comme la glace.

17 Juillet. — Vive la France ! Nous sommes hors des eaux anglaises et nous entrons dans des parages que protège notre Drapeau. Une jolie, très verte, île en vue, à forme originale ; c'est *Poulo* (1) *Condor*, avant-garde de Saïgon, station de guerre et dépôt pénitentiaire pour les criminels annamites ; une compagnie d'infanterie de marine y tient garnison.

18. — Terre ! Vers 7 heures du matin, une brume foncée, s'arrondissant vers les hauts, se plaque à l'horizon, tranchée sur la grande bleue ; peu à peu cette teinte violacée grise prend de la consistance, devient noire et tout à coup sous un éclat brutal du soleil apparaît resplendissante de verdure ; nous sommes au *Cap St-Jacques*. Un phare, un télégraphe s'aperçoivent dans les arbres ; au pied, une baie mignonnette, la Baie des Cocotiers, et sur l'autre rive, loin, très loin à perte de vue, une immensité plate, sale, la Basse-Cochinchine marécageuse, nid de fièvres et de malaria. A 8 heures du matin, on stoppe et d'un coin de la baie se détache une blanche baleinière qui nous amène le pilote.

La marée est bonne ; il y a assez d'eau sur le banc de corail où la barre est quelquefois mauvaise ; on peut remonter la rivière. Curieuse navigation vraiment dans ce large fleuve à la couleur fauve, encombré de troncs d'arbres morts, bordé de palétuviers dont les racines sont

---

(1) *Poulo* en malais signifie île.

mangées par le courant, au lit profond, hideusement peuplé de méduses gélatineuses qui flottent, nagent, la calotte en dessus, ou retournées, tentacules grouillant à la surface ! Ces orties de mer de teinte blanc livide ne remontent la rivière qu'avec l'eau salée de la marée haute. A chaque instant, notre navire évolue ; les courbes s'accentuent et l'on n'entend que des ordres brusques : « Doucement, en route, tribord, droite, bâbord, etc., etc. » Le pilote, gros homme à l'aspect brutal, la face blafarde de l'anémie cochinchinoise, pustulée de boutons alcooliques, se démène sur la passerelle, mais il connaît son métier et nous guide en bon chemin.

Le paysage est bizarre, monotone, sans aucun caractère d'originalité ; marais, rizières, plaines entrecoupées de rares bosquets ; de l'eau surtout, de l'eau dans le grand chenal, de l'eau dans les milliers d'arroyos qui s'y jettent et qu'on croise. Nous voici au banc de corail que marque une balise blanche triangulaire établie sur un des bords ; voici le Grand Coude ; nous sommes à mi-chemin, 10 h. 1/2 matin. Et voici de même un nouveau tableau ; de la vie, de la gaieté ; quelques sampans de pêche ; des jonques annamites qui descendent au cap, armées de rames longues et de voiles rouges ; sur terre, des défrichements, des huttes animées de fumées bleuâtres, des troupeaux de buffles à grandes cornes farouches, à petite taille ; dans les arbres de la rive, une compagnie de singes macaques se battent et crient aigrement ; de lourds oiseaux de proie se lèvent à notre passage et traversent effarés la rivière... Subitement de notre pont tribord éclate une stridente détonation : c'est notre canon de bronze, artillerie modeste, qui fait entendre sa grosse voix pour saluer le Fort du Sud et les couleurs tricolores qui claquent fières, toutes belles, au vent des Tropiques sur le haut mât de signal du port de *Saïgon*. Nous la voyons enfin la capitale cochinchinoise, la capitale du « *Pays de la Mort* » comme l'appelle lugubrement le général de Trentinian qui, déjà prêt en grande tenue, le casque de liège blanc aux trois étoiles d'argent sur la tête, attend le moment de débarquer sur cette terre autrefois si néfaste (1). Il est midi quand nous accostons le Wharf des messageries maritimes ; on manœuvre pour tourner et présenter l'étrave vers la direction de descente à la mer. Autour de nous, tout un peuple de sampaniers s'agite, hurle, godille, va et vient ; sur le quai, officiers de marine, soldats, belles dames qu'abritent de fines ombrelles immaculées, commis et boys assistent, émus et heureux, à l'arrivée du courrier de France.

Passagers Anglais

J'ai tracé quelques chapitres plus haut le dessin de voyageurs divers ; aucun n'était anglais. Ayant frotté longtemps ma vie à celle des grands Bretons, j'avoue être devenu tant soit peu anglophile et j'ai tenu à leur ouvrir un article spécial.

Le Colonel Sim. Grand, carrure puissante, la démarche militaire et assurée, le regard bleu, une voix de commandement harmonieuse et timbrée fortement, n'est-ce pas un vrai portrait de colonel ? Celui-ci est anglais, de vieille roche britannique et comme tel, ne parle jamais de son grade, n'arbore aucun insigne, se bornant au titre de simple gentleman. Pareille simplicité, avouons-le, ne se rencontre pas chez le Français ; fût-il petit lieutenant d'Infanterie de marine, il exhibe à bord ses galons dorés et fait relief de ses tenues variées.

Notre colonel Sim est coiffé d'un chapeau mou, vêtu sobrement, mais avec une rude élégance ; sa chaussure

---

(1) La Cochinchine aujourd'hui ne mérite plus son triste renom d'insalubrité ; grâce aux cultures intensives qui ont assaini le pays, à nos mesures d'hygiène, à nos améliorations multiples, elle est une colonie riche et de 1er ordre.

est large, longue, carrée et son pied , ferme ainsi, arpente le pont plus solidement que nos bottines parisiennes à bout pointu. Grosses moustaches rousses, favoris bien étalés, nez fièrement aquiliné. Rien de préparé et cependant la noblesse du port, du geste, de la marche, la grâce hautaine avec laquelle il donne le bras à sa fille pour la promenade journalière avertissent que cet homme n'a pas appris la distinction et qu'elle est chez lui native. Ce gentleman à l'allure si paisible montera demain à cheval et foncera à la tête de son régiment sur la route de Caboul. Je vous garantis qu'il ne fera pas bon devant lui.

Une passagère éthérée (miss Taylor). — Costumée des débris de la mode que Paris a délaissée depuis dix ans, chapeau forme panier, en paille jonchée de fleurs multico'ores, châle écossais, robe manteau sac enserrant une taille d'abeille et tombant en plis secs, droits sur des bottines longues, très longues à talons plats, les mains gantées de fil blanc et toujours armées d'un nécessaire à ouvrage, telle est la jeune miss qui s'isole à notre bord dans sa sveltesse et sa vertu. Tout en elle est éthéré depuis sa tête pointue de furet, le corps fluet en aiguille presque un sylphe détaché de la terre, jusqu'aux bras osseux voltigeant à la façon des ailes, jusqu'à la voix faible, aigrelette, simili expirante.

Elle passe sur le pont en bergeronnette qui sautille ; elle disparait aux yeux dans un flottement aérien, insaisissable...

J'essayai par courtoisie de lui parler une fois ; ce fut dur, dur de l'aborder, dur d'arrêter son sautillement, encore plus de l'entendre et de la comprendre. Sa réserve s'expliquait par une pudeur des plus délicates ; elle était fiancée à un pasteur de Shanghaï et, comme la femme de César, avant la lettre, ne devait pas être soupçonnée.

Miss Taylor commit toutefois un soir une grave imprudence en dérogeant à ses principes sévères ; on donnait un concert au salon : elle s'approcha du piano timidement et offrit de chanter. Jamais accents de chatte virtuose ne retentirent avec plus de modulations langoureuses ; ils me donnèrent le souvenir de certaines vieilles sérénades ébauchées sur des toits marseillais par la gent fourrée et miaulante de mon voisinage... mais pardon, je me tais, j'allais être méchant !!

Deux pigeons s'aimaient d'amour tendre. — Comment ne pas s'émouvoir au contact de deux jeunesses, même anglaises, qui s'aiment ? L'homme le plus égoïste, le plus cynique reste malgré lui fasciné, empoigné, disons-le, légèrement jaloux devant le spectacle des amours sincères.

Quel chaud rayon de soleil, quelle délicieuse effluvité printanière a été pour moi, pauvre « bachelor », la contemplation de ces deux pigeons anglais qui, au milieu de la vie du bord, avaient bâti leur nid à part, leur vie exclusivement personnelle. Le mari, gentilhomme accompli, superbe mâle vigoureux, admirablement charpenté : tête intelligente, empreinte de franchise et de bonté sous un masque froid, à réserve orgueilleuse ; œil vif, largement ouvert, front olympien, chevelure blonde à reflets bruns magnifiques.

Elle, un enfant à côté de l'homme, possède la fraîcheur des roses et la blondeur pure d'un épi à l'heure de la moisson ; une naïveté candide, une timide modestie imprègnent son visage que des yeux bleus voilés de cils d'or illuminent ; divinement vagues, ils prennent de la fixité, ils se remplissent de confiance quand ils regardent celui qui la soutient galamment du bras, celui qui est tout maintenant ; on dirait qu'elle tâtonne et fait avec lui ses premiers pas. Mélancoliquement étendue sur une chaise longue, ses longs cheveux déroulés en boucles soyeuses, vêtue avec un goût simple et discret, elle lit un roman distraitement, car parfois ses yeux s'alanguissent, sa mignonne tête s'affaisse en un creux d'oreiller brodé et l'Ange des Rêves l'endort. Elle rêve au passé, au cottage des vieux parents, à son bonheur folâtre de jadis remplacé aujourd'hui par un autre plus radieux, mais plus grave ; le mot d'avenir tressaille sur ses lèvres et capture ses plus profonds désirs : c'est que dans ses entrailles un léger bruit la trouble et l'enivre.

Pâle, la future mère s'agite et se réveille ; près d'elle, penché sur son visage dont il espionnait inquiet les mouvantes impressions, l'homme à la haute taille, au sourire caressant, est là ; il redresse en une sollicitude maternelle l'oreiller qui soutient la tête chérie, couvre ses épaules d'un tartan épais (la brise vient de fraîchir) et lui glisse dans la main quelques biscuits : « Te sens-tu mieux, my fairy ? Que veux-tu ? » — « Rien », murmurent les lèvres roses, « reste près de moi ». Leurs regards se parlent un secret et divin langage ; ils ne pensent plus qu'au présent ; les heures passent vite : ils s'aiment.

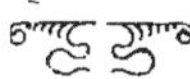

Entre Saïgon et Hong-Kong

(Juillet 1879)

Embarquement mouvementé de passagers chinois ; le pont à l'avant est envahi, couvert de nattes et de tentes improvisées ; on dirait un campement de romanichels. A peine installés, les Célestes étalent deux objets importants pour leur existence : la pipe et la théière ; un brasero portatif très commode et peu dangereux fournit le feu, à chaque instant il sert à allumer de nouvelles pipes ou à chauffer des tasses de thé microscopiques. Bientôt une odeur âcre, sui generis, l'odeur de Chinois, plane sur le navire, mélange de tabac subtil, de tisanes aromatiques, de bois de camphre et de peau jaune. Il faut voir la précision, l'ordre, presque le sans-gêne de toutes ces installations serrées, groupées, tassées les unes sur les autres, laissant à peine entre les roufs et les bastingages un sentier étroit pour le service ; accroupis ou couchés, l'œil paraissant morne ou narquois, la queue roulée sur le haut du crâne, jouant de l'éventail en silence ou fumant leurs pipes, rien maintenant ne pourrait déranger ces passagers étranges jusqu'au débarquement à Hong-Kong ; le soleil, la nuit, les coups de mer, la pluie, le va et vient du bord les laissent impassibles. Si, cependant, une chose les a émus, c'est quand le commissaire s'est présenté pour contrôler leurs billets ou réclamer aux défaillants le coût de la traversée : qu'ils sont durs à faire sortir du sac les précieux « mexicains » !

Une fois sortis de la rivière, le piloté descendu à terre au Cap Saint-Jacques, nous remettons le nez dans la « grande tasse ». Beau temps. Coucher de soleil adorable, rayons rouges crus en écran à travers un ciel bleu légèrement vaporeux, émergeant d'un horizon crênelé de nuages violets qui prennent les formes de côtes montagneuses. Le 20 juillet, belle mer, mais temps à grains ; nos pauvres Chinois reçoivent de sérieuses trempées malgré les tentes et leurs abris de bambou; les malles en peau de cochon heureusement sèchent très vite ; la pluie n'arrête pas la cuisine ni les pipes. — On longe la côte d'Annam dont les hauteurs pittoresquement découpées sont fort belles ; après avoir doublé l'Ile sud des Pêcheurs, nous passons devant le *Cap Varela* et le pic de ce nom (1) que termine un doigt de roche gigantesque « Boudha's finger » me dit un Cantonnais fier de parler quelques mots d'anglais. Il est de fait que cette excroissance de pierre menaçant le ciel agite les impressions et qu'elle conduit l'imagination populaire à créer des légendes, à chercher un caractère divin ; les Cochinchinois jurent souvent par le doigt de Varela. Sans être porté à m'incliner mystiquement devant sa beauté saisissante, j'avoue avoir subi son hypnotisation et longtemps je restai appuyé sur la lisse, admirant les transformations mervellleuses de ce rocher bizarre, tantôt cône

---

(1) Ce pic s'appelle aussi Pointe de Da-Bia (Province de Phuyen).

arrondi, tantôt doigt effilé à ongle mandarinal, pagode à étages, flèche de cathédrale. Après le cap, un îlot troué par la mer, déchiqueté originalement, porte le nom significatif de Pierre percée. Ici, nous quittons la terre pour piquer au large sur l'archipel dangereux des *Paracels*. Le

ciel se fait rougeâtre, à tons cuivrés sinistres et le baromètre commence à baisser. Gare la tempête !

21 juillet. — Golfe du Tonkin. Cela se gâte. Le baromètre baisse toujours. Si nous étions plus avancés dans la saison, un typhon serait à redouter, mais nous avons espoir de l'éviter. Pris cependant les précautions d'usage, fermé les sabords, capots, largué les tentes et les voiles ; le pont de l' « Anadyr » est nu comme un squelette. Je plains nos passagers chinois, mais ma compassion ne rencontre aucun écho ; eux-mêmes, stoïques, s'organisent pour le coup de chien. Un tapage sec, déchirant, un crépitement brusque de tonnerre ; plus rien ensuite ;

phénomène surprenant. Mais le ciel se noircit de plus en plus et des éclairs blafards traversent cette poix intense. Et tout à coup s'ouvrent les écluses du ciel, déversant sur nous des ondées torrentielles pendant douze heures consécutives. Il fait frais ; le vent vire d'un bord à l'autre ; la mer devient moins maniable. Vers 3 heures, la vue est nulle ; on n'a pas pu faire le point de midi ; le Commandant est inquiet, craignant le voisinage des Paracels. On met à la cape pour sonder.

Scène frappante, angoissante que ce navire arrêté en pleine mer, paraissant se livrer à la vague et au destin, que cet homme attaché sur les porte-haubans par une ceinture de cuir, la face cinglée, à chaque minute, de fouettements d'eau salée, gardant son calme de vrai mâle devant la gueuse qui l'insulte, et lançant à l'image d'une fronde l'épais fil à plomb qui doit nous servir de point de repère. On crie à la passerelle le nombre de brasses ; là haut on consulte la carte marine ; Dieu soit loué, les fonds sont bons ! La machine repart à demi-vitesse, 35 tours au lieu de 60. Nuit exécrable ; la pluie éclabousse le pont et la coque de gouttes énormes ; le vent siffle rageusement ; la mer gronde.

22 juillet. Le baromètre remonte ; quelques pans de bleu reparaissent au ciel. La mer reste grosse, mais le vent devient maniable. On réinstalle les tentes et on met toutes voiles dessus. Le tournebroche est en pleine vitesse ; courant favorable ; nous marchons la peste et le loch nous donne 18 nœuds ; à 3 heures, entrevue des côtes de Chine ; nous rencontrons notre confrère le « *Djemnah* ». Le temps s'arrange ; vers 5 heures, on aperçoit la *Grande-Ladrone*, l'Ile de *Lamma*, puis *Green Island*, sentinelle avancée de Hong-Kong.

Nous décrivons une large courbe pour éviter le Kellett Bank et à 6 heures du soir nous mouillons devant *Victoria*, devant un spectacle féerique. Sous un ciel ardoisé, aux teintes tendres avant-coureuses de la nuit, la ville, plus blanche, plus grandiose que notre paradisiaque Mon-

tecarlo, s'étage en amphithéâtre sur les pentes granitiques
du Pic, riche fouillis de vérandahs, de balcons, de larges
baies ouvertes, entrecoupé d'arbres magnifiques, dominé
par des jardins de luxuriante verdure, enlacé de routes
aux alignements roses. Je suis confondu de tant de beauté !

Coup de tabac
dans le Golfe du Tonkin

C'était un jour après le départ de Saïgon. La mousson
du nord-est battait son plein.

Jamais je ne pourrai revoir tableau aussi grand, nature déchaînée aussi belle. L' « Amazone » tangue effroya-
blement ; il s'enfonce dans l'écume et semble un instant
incapable de se relever. A l'arrière, se dressent des collines d'eau presque immobiles comme nous mêmes, mons-
trueuses d'amplitude, bleues, couleur de verre nouvelle-
ment coulé, sur leurs versants et à la base, couronnées de
crêtes blanches neigeuses ; sous ces ruisselantes monta-
gnettes se creusent des vallées dont, penché sur la lisse, je
ne vois pas le fond ; puis, en cataclysme volcanique, les
sommets s'écroulent divisés par des gorges sombres, cependant qu'au loin surgit une autre chaîne de pics étincelants ravinés de sillons glauques ; on dirait une carte de
Suisse en reliefs humides et mouvants...

Soudain, la poupe est soulevée ; l'hélice bondit dans
le vide, tourne en saccades sourdes qui arrachent les nerfs,
secouent les entrailles. Une nouvelle association d'idées
m'envahit et je vois passer en foudre des escadrons de ca-
valerie, le dos penché en avant, les cuirasses vibrantes,
hurlant, éperonnant tels que des démons ; la charge bientôt s'évanouit, mais pour faire place à d'autres plus terribles. C'est vraiment jour de bataille : l'oreille perçoit tou-

tes sortes de cris sinistres, sifflements de balles dans la mâture, grondement puissant du canon, plaintes aigües de
blessés ; d'un ciel noir goudronné dévale une pluie de flè-
ches qui martèle et pique les tentes de l'arrière, les seules
qui aient résisté. Par moments, le calme, un silence imposant, angoissant même. Quelle surprise nous prépare ce
mystérieux répit ?

Et la lutte recommence, le vent rage, s'affole dans nos
cordages ; des fleuves, des courants d'eau mousseuse roulent au ras du pont ; un paquet de mer prend à l'assaut le
gaillard d'avant et retombe partout en cascades. Le bon
navire, après, fait une chute dans l'abîme comme si le
trou ouvert n'était plus liquide ; après encore, il escalade
les monts qu'un géant sous-marin paraît lever sur ses
épaules ; la proue les attaque, les sabre, les hache de haut
en bas, pendant que le mât et les vergues de misaine os-
cillent, obliqués, rejetés sur l'arrière.

Rien, je le répète, ne vaut la contemplation de cette
marche de navire dans la tempête ; on passe, à regarder,
des heures inoubliables et je suis heureux de les avoir
vécues.

Types de Commissaires

Le Commissaire, officier aux galons d'argent, doit
posséder, s'il n'est pas indifférent, la philosophie de Socra-
te, l'esprit de Figaro et la courtoisie d'un vrai marquis de
la Régence. Louvoyant entre tous les services, critiqué,
jalousé par les gens du bord, recherché par les passagers
et quelquefois choyé par les passagères, il garde le sourire
aux lèvres, alors que souvent les soucis le rongent ou que
montent à son cœur des poussées de colère ; sa petite barque est quelquefois plus dure à gouverner que le grand

paquebot. Un proverbe marin proclame très justement que, si le navire est mené par plusieurs capitaines, il va droità la côte ; sur la barque du Commissaire tout le monde veut commander et, pour y rester seul maître, il faut faire sentir lentement le gant de fer sous le gant de velours.

Vauclus, le vieux Commissaire, a cette vieille expérience et personne ne se hasarde à toucher sa barre ; il la dirige seul, solidement et en silence. Sec, maigre, ascétique, il se lève à 6 heures du matin ; l'Econome comparaît devant son tribunal. Le contrôle se fait sans bruit ; les ordres sont tous donnés avant le premier déjeuner. A table, son urbanité simple, exquise n'égale que sa causerie douce et discrète. Après le repas, le brave homme disparaît. Cherchez muscade ; vous ne le trouverez plus, sauf peut-être au fond du salon arrière à l'abri des curieux, à l'ombre du soleil, à couvert du vent et des embruns. L'après-midi, si vous passez devant sa cabine, par le rideau entr'ouvert, vous le verrez peut-être aussi lisant son missel, récitant les litanies d'un chapelet ou alignant des chiffres. Le soir avant de se coucher (hélas ! je commets une odieuse indiscrétion)... il fait des vers.

Lanrail est jeune, presque l'antipode du portrait qui précéde ; celui-là ne se cache point : on le voit trop. Mes compliments mon cher ! Quelles manchettes bien ivoirées et comme vous savez élégamment les lancer devant les Dames hors de votre veston bleu ! Quel faux col impeccable ! Quelles cravates suaves et changeantes ! Combien de carats pèse cette grosse bague affichée insolemment à votre index ? Si j'en juge par l'énorme breloque qui coupe votre gilet, vous avez hérité des trésors de Golconde. Votre raie de chevelure sort du grand coiffeur, votre moustache en crocs est vraiment conquérante et vos souliers vernis servent de prisme au soleil. Sans mentir, si votre ramage est pareil à votre plumage, vous êtes le phénix des beaux Commissaires. — Hélas ! le ramage évoque la voix des gardiens du sérail ; les mots aimables qu'elle égrène sont plats, stéréotypés en un moule de Baba soufflé. Conversation nulle, instruction nulle ; travail et contrôle nuls ; la barque est pilotée par l'Econome ou les maîtres d'hôtels. Reconnaissons toutefois que le jeune gommeux sait captiver les passagères, plaire aux passagers, entortiller le Commandant qu'il « bombarde » tout le jour de coups de casquette ; c'est déjà un succès.

Il y a beaucoup d'autres physionomies de Commissaires : le brouillon volumineux qu'on rencontre partout sur le pont, au salon, au carré des officiers, à terre, mais rarement dans sa cabine ou à la Cambuse. — L'officier malade à qui la compagnie a donné un élève pour le seconder et qui, sûr de sa direction, conduit admirablement sa barque en restant dans son lit ou dans son fauteuil ; honnête et féal serviteur, causeur distingué, mais à l'humeur sombre. — Le débrouillard, préférant la société des fournisseurs et des changeurs d'argent à celle des passagers et des autres officiers, type peu recommandable, mais heureusement assez rare. Bedonnant, la peau rouge, le regard faux, il tremble devant le Commandant et ne veut jamais d'élève Commissaire. — Notons enfin le petit Commissaire modeste qui partage sa vie entre le contrôle du Bord et les relations courtoises avec les passagers, qui défend « unguibus et rostro » les intérêts complexes de son mandat contre les ennemis et même les propres serviteurs de la compagnie. Celui-ci remplit simplement son devoir : il n'a donc point d'histoire !

Traversée de Hong-Kong à Shang-haï

(Juillet 1879)

Départ à midi de Hong-Kong. Nous avons une société choisie qui se rend aux courses de Shanghaï : ce grand

port de concessions européennes est un centre attractif
de plaisirs, amusements divers, paper hunts, bals, jeux,
concours, réceptions mondaines, tandis que Victoria demeure la colonie sérieuse, très anglaise, très écossaise de
mon temps ; l'existence y est relativement serrée et guin-
dée ; les jeunes profitent de toutes les occasions pour aller
dans le nord se déraidir.

Sous un soleil radieux, notre mise en route est merveilleuse. Partout à l'ancre, de grands paquebots ; amar-
rés sur des coffres, les courriers d'Europe et d'Amérique ;
ça et là des corvettes stationnaires, des pontons de guerre ; passent et repassent des milliers de jonques, voiles
rouges trapézoïdes à vergues nombreuses ouvertes comme
des ailes d'oiseaux, proues menaçantes avec leurs grands
yeux noirs qui doivent écarter les mauvais sorts et nous
regardent de travers, nous les Fan-Kwaï, diables étrangers. Autour de nous une flotille de sampans, de
« launches » à vapeur, de baleinières blanches se croisant,
se traversant, se bousculant avec des cris de bêtes, sans
jamais une bataille ni un accident.

Notre gros sifflet jette son dernier appel ; la chaine
est détachée de la bouée, et nous marchons doucement
vers la passe Nord-Est. Véritable promenade de lac, exquise, prenante comme si nous allions de Genève à Mon-
treux ; voici Happy Valley, la vallée heureuse, où dor-
ment dans la paix les morts de la colonie ; voici la baie
mignonne de *Causeway*. Derrière nous s'effondre le pic
Victoria, se rapetissent les collines rouges ne Kowloon.
Puis dans un décor de plus en plus sauvage de rochers et
de sombre verdure, nous nous glissons à travers le défilé
de *Lyemoon Pass*. Quelques nouveaux tours d'hélice et
nous rejoignons la pleine mer par le *Tathong Channel*.

Un léger balancement nous rappelle que ce n'est plus
une navigation de lac ; la brise est fraîche, la houle longue. Dans la nuit, nous doublons le feu des *Lamocks* ; nous
entrons dans le canal de Formose. 25 juillet. Relevé les
Okseu et à 3 heures du soir *Turnabout*, le fameux phare

ainsi nommé parce que la mousson de Nord Est y rage en tourbillons tout autour ; quand en hiver on remonte la mousson, le vent est tellement violent à ce passage que les navires semblent rester sur place et qu'on aperçoit le feu pendant plusieurs heures. J'ai pu le constater à diverses reprises ; sur le « Menzaleh » bateau de faible machine, nous restâmes, un jour, près de six heures en face du récif de Turnabout sans pouvoir le doubler ; on filait à peine un nœud 1/2 à l'heure. — Croisé un superbe trois-mâts Anglais, le « Mikado ». Le calme a jeté sur la mer, au matin, un large voile de brume, mais bientôt elle se dissipe et paraissent de toutes parts une multitude de jonques ; on les voit pointer à l'horizon, courir des bordées, légères, alertes comme un essaim de mouettes roses ; quelques-unes franchissent notre ligne de marche avec une hardiesse qui effraie, une sureté de manœuvre qui stupéfie. Ces Chinois de la côte sont des marins admirables ; ils virent bord sur bord avec une vitesse étonnante et se gaussent de nous quand nous les « contrepassons » à les frôler. La voilure de ces jonques est très résistante ; elle consiste de toile ou de paille de bambou finement tressée, quelquefois même de paille de riz ; les vergues posées en oblique sont faites d'énormes bambous d'une force à toute épreuve, pliant et ne rompant presque jamais. Nous rencontrons aussi des barques de pêche à la rame, imitant les doris du Banc de Terre neuve et groupées alentour d'un immense filet dont chaque embarcation est une bouée d'alignement ; les doris n'ont généralement qu'un seul rameur et tous poussent des cris abominables quand nous traversons leurs filets ; j'avoue partager leurs terreurs et leurs colères ; pauvres gens ! Comme sur le grand Banc, les vapeurs font de temps en temps des massacres parmi ces barquettes non éclairées la nuit et visibles à peine ; que de Chinamen ont ainsi fait le voyage de l'Eternité ! Il faut reconnaître à la décharge des Capitaines que les pêcheurs Chinois ont la manie de ne pas se garer ; ils ne veulent pas se laisser « culer » derrière les paquebots et tiennent à passer devant pour

éloigner le Vilain Esprit ; cela leur coûte cher, car les jonques maîtresses restent assez loin des doris et n'entendent
pas souvent les cris des naufragés.

La mer a changé de couleur. Adieu, reflets d'azur,
fonds indigo de l'Océan, horizons d'ardoise des environs
de Singapore. L'eau est devenue verte, jaune, limoneuse,
mais grâce au ciel estival qui garde des teintes bleuâtres,
grâce aux nuages tissés de mosaïques bizarres, grâce aux
courants, fleuves animés d'une vie indépendante, des variations subites éclatent dans les tons de la masse liquide
qui mue du vert au violet, du jaune au rouge carmin, bar-
rée d'un trait noir sur la ligne d'horizon. Le spectacle est
moins joyeux pour l'œil, moins imposant que sous l'Equateur ; cependant ces jeux de couleurs plus pâles gardent
une certaine poésie, poésie mélancolique qui cadre avec
les nouveaux pays de caractère sombre et renfermé que
nous allons aborder. La Mer Jaune, Hoang Yang, doit sa
teinte générale aux apports considérables de boue argi-
leuse fournis par les grands fleuves de Chine qui traversent de longues plaines alluvionnaires.

En montant à Shang-haï, nous rasons les rivages Chinois à gauche ; Formose est trop loin à tribord pour qu'on
puisse l'entrevoir. Mousson fraîche, courant favorable ;
un bon vent arrière gonfle à plaisir nos voiles et nous filons 15 nœuds 1/2. Journée de 360 milles.

26 juillet. — Doublé les *Chiens Blancs, Pih-Ki-Shan,*
les *Iles Fisherman*, repaire de pirates. On nous a prévenus
à Hong-Kong d'une recrudescence de piraterie dans les
eaux de Formose ; on nous a même donné un petit arsenal,
40 fusils démodés, mais encore excellents entre les mains
de nos hommes ; notre petit canon, incapable de faire du
mal, pourrait aussi faire peur ! messieurs les voleurs de
mer seraient mal reçus.

Vers 7 heures du soir, on signale le rocher de *Video*
dont le nom latin suggestif rappelle le cri d'un Capitaine
Portugais apercevant la première terre à l'entrée des bouches du Yang-tsé-Kiang. *Bonham. Les Chusan* très au

large. Puis à 10 heures, le feu de *Gultzlaef* à dix milles
environ. Mer plate, belle nuit. — 27. — De minuit à 1 heure du matin, nous marchons doucement. Enfin, stop. On
mouille, car les fonds sont mauvais ; nous sommes entourés de bancs de sables boueux. A 4 heures, au petit jour,
horizon brumeux et sale ; cela donne froid dans le dos !
nous repartons à demi vitesse et vers 6 heures nous arri-
vons en vue de Woosung. Le pilote Van Korbach, géant
Hollandais à voix tonitruante, à face réjouie, amateur de
« very good french Cognac », accoste avec la chaloupe ;
il annonce que la barre du Whampoa est trop basse et
qu'il est impossible de passer aujourd'hui. On attend le
grand remorqueur de Shang-haï, le « Samson », pour y
transporter les dépêches ; je suis désigné avec l'Officier du
Rôle en qualité d'accompagnateurs.

A 7 heures 1/2, un sifflet aigu perce la brume grise ;
un ronron puissant court sur l'eau de la rivière et bientôt
le Samson se colle au bord de notre échelle. Scène intéres-
sante : du pont les matelots lancent des amarres, des boules de cordes pour amortir les coups de ressac du remorqueur contre notre coque ; les gens du tug boat s'accro-
chent avec des gaffes ; les petits bagages, les sacs de dépêches s'entrecroisent sur l'escalier avec les passagers qui
descendent en grande toilette adressant aux officiers de
l'Anadyr force « Good Bye » ; le va et vient s'opère en un
ordre parfait, presque sans bruit et à 8 heures tout est paré.

Le Capitaine du Tug salue notre Commandant ; « let
go, go ahead » ; la petite hélice crépite et fait sauter l'é-
cume limoneuse. Voici le village de *Woosung*, son fort
blindé que surmonte le pavillon jaune marqué du Dragon
bleu, des canonnières à l'ancre ; plus loin, l'embouchure
du Fleuve bleu qui se mélange ici avec le Whampoa. Nous
remontons la rivière à la teinte jaune et rouge ; nous suivons des rives plates, monotones, à peine verdies par des
bouquets d'arbres maigres et des champs de riz ou de co-
ton nain. Une maison à droite apparaît avec un appontement ruiné et un petit jardin ; c'est l'ancienne caserne des

troupes Franco-Anglaises commandées par le Duc de Palikao, propriété maintenant des messageries maritimes. Enfin *Shang-haï*, la belle ville des concessions, se déroule devant nous au grand coude ; l'American Settlement, son magnifique Hôtel de l'Astor House, son mât blanc où claque au vent le pavillon étoilé ; ensuite le British Settlement, son jardin et kiosque à musique au bord de l'eau, ses quais piquetés d'arbres touffus, et pour la fin la Concession Française où je revois nos trois couleurs. Le « Samson » lance dans les airs des appels joyeux, évoluant dans une mêlée pittoresque de navires à l'ancre, courriers, corvettes de guerre, river-boats à étages, système américain, à roues immenses et machines à balancier, sampans couverts marchant à la godille. En face la ville, les ateliers de *Pootung* et une large étendue de campagne ; au fond du paysage, une forêt de mâts de jonques et la Ville chinoise qui se cache derrière ses murs crênelés.

Le Tug s'arrête devant l'appontement Français ; on débarque ; serrements de mains. Le grand voyage d'aller est terminé.

Les Distances

Les terriens qui me liront ignorent les calculs de distances marines ; ils ne se rendent aussi peut-être pas bien compte de l'éloignement considérable qui sépare notre chère France de la Chine, ce pays charmant de l'opérette.

Je leur présente quelques chiffres intéressants :

De Marseille à Naples : *458* milles

La Ciotat . . . 20 milles.	Cap Sicié (Toulon) 32 m.
Ile d'Hyères (Titan) 70 —	Cap Corse . . 190
Ile d'Elbe . . . 225 —	Giglio 227
Ponza . . . . 408 —	Ischia 437

N. B. — Par le détroit de Bonifacio, il y a 200 milles jusqu'en face de cette ville.

Naples à Port-Saïd : *1102* milles

Stromboli.	. 129	Messine . .	. 173
Spartivento .	. 207	Gozzo (Crète)	. 640

Canal de Suez : *87* milles   (Ismaïlia 42)

Suez à Aden : *1308* milles

Zafarana.	. 49	Raz Gharib .	. 99
Shadwan.	. 172	Trois frères .	. 256
Dœdalus .	. 356	Djebel Teer .	. 1013
Zebayer .	. 1052	Moka . .	. 1169
Périm .	. 1214	(Tropique du Cancer)	450

Aden à Point de Galle : *2135* milles

Guardafui	. 370	Socotora .	. 500--570
Minicoy .	. 1680	(Colombo 2095)	

De Colombo à Galle par la Côte 70 milles.

Galle à Singapore : *1500* milles

Pointe d'Achem	500	Diamond Point.	1050
Malacca .	. 1400	(Singapore à l'Equateur au Sud)	80 milles

Singapore à Saïgon : *648* milles

Pedra Branca .	35	Poulo Aor .	. 110
Poulo Condor .	504	Cap St-Jacques.	603
Cangio. .	. 613	(en rivière 45 milles).	

Saïgon à Hong-Kong : *940* milles

Britto . .	. 90	Padarang .	. 188
Varela. .	. 291	Chinosa . .	. 641
Grande Ladrone	907	Ile Verte .	. 937

Hong-Kong à Shang-haï : *827* milles

Lamocks .	. 191	Okseu . .	. 351
Turnabout .	. 390	Pih Kishan .	. 539
Video .	. 713	Bonham .	. 745
Gultzlaef .	. 760	Woo-Sung .	. 812

Total : *de Marseille à Shanghaï*, 9030 milles *ou 16.750 kilomètres environ.*

Le mille marin égale en effet 1852 mètres en chiffres arrondis, exactement 1 kilomètres 851851 etc., etc., soit 1/60ᵉ de degré, 1/3 de la lieue marine (5.555) ou 1ᵐ. 152 mille anglais. Autrefois un bon navire filait de 10 à 12 milles à l'heure, une moyenne de 20 kilomètres ; on a atteint depuis des vitesses de 15 milles et les grands courriers obtiennent maintenant 20 milles et plus, environ 40 kilom.

Mécaniciens

De même que le Ciel éprouve pour l'Enfer le plus profond mépris, que les Anges blancs ailés ont de toutes époques été les ennemis des Anges noirs, les Démons, un fossé a toujours séparé le Pont d'un navire de la Machine, l'au-dessus de l'au-dessous. Bizarres anomalies de caractère chez les hommes !

Longtemps les mécaniciens furent traités en sous-ordre ; le grade d'officiers leur fut longtemps contesté et refusé. Et, pourtant, le rôle de ces précieux serviteurs à bord est un des plus durs, entraînant une persistance, une perfection de volonté, exigeant une tension cérébrale qu'on ne saurait nier ni se lasser d'admirer. Si les Capitaines sur le pont représentent l'œil du bâtiment, les conducteurs de la machine en sont le cœur, cet organe de la grande circulation du sang, où tout va, retourne, sans lequel bras et jambes ne se meuvent plus. Quand l'hélice ne marche plus, tout est fini.

On a souvent reproché aux mécaniciens (ce reproche est exact) leur attitude hargneuse. sombre, leurs allures brusques, leur éducation sans raffinement. Certes ce ne sont pas des officiers étincelants, mais leur vie enfermée, leur contact obligatoire avec le charbon, l'huile et la graisse, le souci permanent de ces rouages à complications inouïes qui forment l'âme d'une machine, la hantise énorme et magnifique à la fois de leur responsabilité, n'est-ce pas une excuse suffisante, que dis-je, une louange expliquant le particularisme de leur caractère ? Oui, ceux qui les frôlent, qui vivent près d'eux ont souvent à souffrir de la cohabitation, de la société de ces braves gens ; qu'ils fassent leur examen de conscience, qu'ils analysent les différences de carrières, et les critiques tombent devant l'admiration.

Payé ce juste tribut, traçons rapidement quelques esquisses. La première présente un type maigre, hirsute, le teint rouge, bourru « secundum artem et traditionem » ; à peine remonté de son quart, il s'enferme dans sa cabine et travaille d'arrache pied à des découpures de bois ou de métal. Ne le dérangez point à cette heure ; il vous dévorerait. Peu de défauts, ne fume pas, ne boit jamais d'alcool, mais « siffle » sa bouteille de vin pur à chaque repas. Parle rarement ; excellent camarade pour le reste.— Un autre moins sympathique ; ancien premier chauffeur ; affecte de ne point vouloir monter dans l'échelle sociale ; se plaît à parler « gras » ; doute de tout ou mieux ne croit à rien. Ridiculise tous les nobles sentiments ; n'admet ni l'honnêteté des hommes ni la vertu des femmes, ce qui le rend férocement cynique dans ses jugements. A toujours l'air d'un dogue prêt à mordre. Cependant, dès qu'il descend dans la machine, il se transforme ; le devoir avant tout pour lui comme pour ses subordonnés ; il paie d'exemple et sa pratique tue ses théories ! — Extraordinaire est l'influence sur ces hommes du voisinage des bielles, pistons, condenseurs, robinets à surveiller ; leur cerveau est tendu vers tous les points essentiels. Détendu à la façon d'un arc quand sonne la fin du quart, il se détraque parfois. Tel était le cas pour un de mes collègues sur la ligne du Japon. Le teint mat, les yeux vagues, la bouche d'un rictus inquiétant, la démarche oscillante, il aimait à bavarder avec nous sur le pont et nous élucubrait des thèses renversantes sur la physique, la chimie, le spiritisme, la politique. Au milieu de billevesées dignes d'un échappé de Charenton, je remarquai souvent en lui une prescience des futures découvertes et des observations fines, originalement judicieuses.

Je citerai encore les emballés ; ceux qui se considéraient persécutés, victimes d'injustices ou de passe-droits, dont les colères méridionales étaient terribles et s'évanouissaient en mousse légère à l'appel du quart ; les dégoûtés de la vie, grands fumeurs de pipes ; enfin les obstinés chercheurs, bûcheurs, plongés dans les livres, les figures de mécanique et les chiffres ; à eux, récompense cent fois méritée, s'est ouvert l'avenir brillant d'Ingénieur dans les ateliers de la Compagnie à terre.

Nuit sur rade de Woo-Sung

Faute d'eau sur la barre, nous avions dû descendre à Woo-sung deux jours avant la date impérative de départ et nous étions mouillés devant le Fort Chinois.

La chaleur avait été torride tout le jour ; on ruisselait, vêtements collés aux membres, et dans l'air embrasé on se mouvait avec peine. Les plaques du navire surchauffées par le soleil brûlaient les mains ; les cabines étaient inhabitables. Avec quelle jouissance, tous, nous vîmes tomber le soir et soudain venir du large une jolie brise imprégnée de fraîcheur !

Je me mis en costume léger et grimpai sur le pont à la recherche, nouveau Jérôme Paturot, d'une position « sociable ». Je dénichai un petit coin à l'arrière, sur la lisse du bordage de tribord, entre deux tringles qui me défendaient assez pour ne pas glisser à la mer et là je m'ins-

tallai à califourchon, assis ou étendu au gré de la varia-
tion de la brise que j'aspirais à poumons ouverts. Diable !
Ce n'est point la bonne brise câline, embaumée de Provence, c'est un vent chaud légèrement rafraichi par la
nuit, mais ici il faut se contenter de peu. D'ailleurs cette
brise est continue ; elle entre sans façon dans les plis de
mon pynchama qui bouffent et frissonnent ; ma peau en
est agréablement chatouillée et délectée ; le même frôle-
ment effleure mes cheveux, mon front avec un murmure
exquis et je m'abandonne complètement à ce bien-être
passager.

Sous mes pieds clapote la rivière dont les eaux jaunes semblent s'éclaircir avec la descente des ombres ; les
vapeurs au mouillage auprès de nous allument leurs fanaux ; tout est calme et le silence n'est brisé par instants
que lorsque fuient le long du bord des jonques chinoises
courant au large et manœuvrées au son d'une mélodie bizarre que psalmodient des voix gutturales.

Neuf heures. Le ciel se remplit d'étoiles ; la voie lac-
tée multiplie à l'infini ses canaux nuageux. Je m'allonge le
visage droit tourné vers le Zénith et je m'absorbe en contemplation ; tout à coup une étoile se détache, file lentement, puis se précipite et disparaît en une courbe rose de
feu. Astre mystérieux, fais route vers la France et donne
à ceux qui m'aiment la pensée de te regarder ; je te confie
pour eux un message de doux souvenir.

Le spectacle devient grandiose ; c'est une pluie, ce
sont des fusées d'étoiles filantes qui se suivent, se pour-
suivent dans un chaos de dorés éclatements. L'une d'elles
me rapporte la réponse à mon message, car un rêve charmant me pénètre dont mon âme se sent bienheureuse et
j'oublie une minute que la Patrie est à quatre mille lieues !

Dix heures. La brise persiste en ses agaceries ; les
étoiles ont cessé leur steeple chase ; je ferme les yeux et
m'endors cherchant à reconquérir mon rêve. Sommeil de
lièvre au gîte ; pendant qu'un œil se cligne, l'autre, se
méfiant de l'onde perfide où mon corps mal accoré peut

être attiré, aperçoit tour à tour le ciel piqueté de lueurs, la mer immense au loin, la côte de Chine grisaillée en face, le phare aux reflets rouges sang. Mon oreille demi engourdie écoute, malgré elle, le moindre frissonnement des vagues et la causerie en sourdine de deux matelots sur le pont, accroupis à quelques pas de mon petit nid.

Onze heures. Après le silence, voici que des bruits s'agitent. Dans le village sous le Fort, hurlent les chiens Chinois ; une grande Jonque s'écarte de la rive ; on tire des pétards à l'accompagnement cuivré des gongs, au chant monotone des mariniers qui hissent les voiles de bambou. Puis, un sifflet aigu nous arrive du haut de la rivière ; la bordée de nuit se remue à l'avant de l' « Anadyr » ; les hommes se groupent à l'appel du maître. Réveillée, toute la gent animale du gaillard se démène ; les moutons bêlent, les veaux gémissent et la volaille piaille. Bientôt la petite chaudière fume et les treuils font trembler le pont de leurs tournées de chaînes. Tran ! Tran ! Tran ! musique grinçante, énervante, terrible pendant la nuit. Adieu rêves et sommeil. C'est le remorqueur de Shanghaï qui nous apporte un contingent de marchandises.

A 2 heures du matin, la lune se lève dans son premier quartier ; ses dimensions sont gigantesques, sa luisance sanguinolente et les coulées qu'elle projette à la mer prennent un aspect fantastique. On a peur de cette étrange scène de beautés.

. . . .

J'avais quitté depuis minuit mon perchoir pour me réfugier sur les caille-botis d'arrière où j'étais plus en sureté ; je commençais à m'endormir « sérieusement », des deux yeux, quand une douleur cuisante à la joue me fit sursauter ; portant ma main au point endolori, je saisis un affreux moustique qui s'apprêtait à récidiver. Le coupable fut immédiatement condamné à mort et exécuté, mais le charme était rompu, ma paix nocturne troublée et je re-

gagnai ma cabine de batterie comme un soldat qui fuit,
en retraite devant l'ennemi.

Entre Hong-Kong et Yokohama :
(a) **Par la route de Formose (ouest)**

Voyage d'été ; la mousson de nord-est a rendu sa
vilaine âme et la mousson de Surroi n'est pas encore montée jusqu'aux mers de Chine. Le baromètre est douteux ;
il baisse, le ciel se noircit de nuages d'encre et l'on craint
le voisinage d'un typhon. Mais c'est l'heure de partir ;
notre « Menzaleh » se met bravement en route.

Premier jour. — En dehors de Hong-Kong, la mer
est coquettement belle, à peine houleuse, de couleur cuivrée. Brise nulle. Notre pauvre machine, généralement
poussive, s'emballe ; nous filons à large allure de mouettes.

Deuxième jour. — Travers des *Lamocks*. A midi, par
23°. 24' et 115°. 35', on change de direction pour croiser le
Canal de Formose par le sud au lieu de le couper en biais
au nord, itinéraire hivernal ; en cas de typhon, nous se-
rions à l'abri des côtes de la Grande-Ile. Bonne vitesse ;
rencontre de jonques et de nombreux filets.

Troisième jour. — Toujours beau ; la mer a des lui-
sances presque bleues ; ses écumes sont dorées par un
glorieux soleil. A 4 heures du matin, nous rallions les pre-
mières terres de *Taï-Wan* (1) et nous les côtoyons jusqu'à la pointe extrême nord. Les fonds sont sûrs ; on suit
donc la côte de près et tout le dessin des rochers, criques,
baies ou caps avancés est facile à relever. Les rivages
paraissent assez élevés, légèrement verts, tranchés çà et

---

(1) Nom chinois de Formose.

là de failles rouges, entrecoupés de profondes vallées à l'aspect sauvage ; peu de forêts et même de bouquets d'arbres ; les Chinois ont dévasté les parties conquises et il faudrait pénétrer dans les montagnes de l'intérieur pour récolter le bois de camphrier, autrefois si abondant partout. La chose n'est point aisée, car les aborigènes sont très farouches et plus de la moitié.de l'île échappe à l'autorité chinoise. Les soldats Célestes ne se hasardent pas souvent dans la montagne ; ils se cantonnent dans les ports et sur certains points fortifiés (1).

Mon boy, le gros A-tom, éprouve pour les Formosiens une véritable frayeur ; il me les dépeint en ces termes franco-piggin : Ça, mosieu, louksie, Taïvan n'a pas bon, « ça hommes beaucoup sauvages, ça manger Chinois ; « alors, sabé, ça Chinois loger dehors, sauvages dedans. »

Vers 6 heures du matin, le « Menzaleh » franchit la baie de *Tamsui*. Au loin, la ville, sorte de capitale de l'île ; quelques jonques, une canonnière chinoise à l'ancre ; entre les reliefs des montagnes se creuse une belle rivière qui jette au milieu du bleu marin un large éventail d'eaux jaunes limoneuses ; un petit remous d'écume sale s'avance assez loin de terre et marque la limite du courant d'eau douce luttant contre la vague.

Tamsui disparaît rapidement ; voici la pointe de *Syau-Ki* entourée d'imposantes montagnes aux flancs pittoresquement ravinés, très décharnés ; dans certains vallons qu'on entrevoit par brusques apparitions, quelques fumées d'habitations, quelques cultures. Plus on avance le long de la côte nord, plus les roches paraissent convulsées, striées, mises à nu ; on dirait un os de carcasse terrestre que des gigantesques chiens auraient rongé.

Adieu Taï-Wan ; nous quittons la terre pour nous enfoncer à nouveau en plein Océan. Beau temps, mer plate.

----

(1) Depuis 1881, date de ces notes, Formose est devenu la possession des Japonais qui ont fait une sérieuse conquête de l'île et récolté de riches provisions de camphre.

En vue, l'ilot rocheux de *Pinnacle*, crênelé aux formes bizarres ; puis, l'ile *Crag* et, sur bâbord, *Agincourt*, amas de roches noires effilochées, que nous avons si souvent doublé en hiver sous la pluie, dans les embruns, à demi voilé par les formidables paquets de mer qui l'assaillaient ; aujourd'hui le Grand Rocher s'est costumé de fête ; il est lisse, propret, harmonieusement pomponné ; ses lignes superbes s'enlèvent très nettes sur l'azur des flots et son torse puissant semble pour nous se redresser, prouvant par sa crânerie qu'il est toujours prêt à tenir tête aux tempêtes. Autour de lui, tout est souriant ; son ennemie, la mer, le lèche de ses lèvres caressantes ; sur son front blanchi par le sel, des rayons dorés imitent une couronne, et dans ce tableau merveilleux jouent, voltigent par milliers des taches d'oiseaux roses, grises, ivoirées.

A midi, nous avons dépassé Agincourt. On met le cap sur l'*Archipel Cécille*. Belle journée ; plus belle nuit encore.

Quatrième jour. Pleine mer, le courant du Kuro Shiwo favorise notre marche. La mer est rougie par de longues traînées de frai de poisson, fleuve immense à ramifications infinies, à méandres roses et jaunes étalés jusqu'aux limites de l'horizon. Quelle prodigieuse accumulation de poussière génératrice ! Zola dénommerait cela « le sperme colossal » de la mer et Victor Hugo le chanterait comme « un miraculeux enfantement de l'abîme » ! Fait indubitable, c'est que, même si la moitié de ces germes se perd, la vie sous-marine n'est pas encore éteinte ; on est confondu par tant de grandeur et de prévision dans l'Œuvre de la Nature.

Cinquième jour. — Brise d'Ouest. Vers 9 heures du matin, nous relevons *Hebi Sima* (l'Ile des Serpents) et nous piquons droit au Nord le long du chapelet d'ilots qui va se souder au Cap de Satanomisaki, pointe sud de Kiu-Siu. Quelques-uns ont des formes originales, parfois surmontés au sommet de panaches fumeux volcaniques. Aucune jonque au large. — A midi, on aperçoit *Saint-Clair* (Kuro

Sima, l'Ile noire) dont les falaises sombres au Nord Est tombent à pic dans la mer ; à 2 heures du soir, *Trio* sur bâbord (trois écueils, restes encore menaçants d'une ancienne île mangée par les vagues) ; à 4 heures, *Vulcano,* au cratère fumant ; *Take Sima*, découpure de rochers assez basse sur l'eau, et enfin à 5 heures 1/2 le grand *Cap de Satano*, à l'entrée du détroit de Van Diémen.

Admirable passage, mais gros soucis pour les Capitaines. De toutes parts des roches à fleur d'eau prenant des poses caractéristiques, toujours battues par l'écume mousseuse ; des iles à coupes raides ; *Yakuno* et *Tanega Sima ;* une côte tordue, fendillée, à teintes rougeâtres ou violacées ; le tout extraordinaire d'inédit annonçant un pays nouveau différent de notre vieille Europe.

Vulcano est le prototype de ces excroissances de lave et de porphyre ; rien n'en surpasse la beauté échevelée : couleurs crues, colonnades de basalte fissurées, grottes à ouvertures bouillonnées, blocs de pierre écroulés représentant des monstres ou Boudhas en prière (c'est de circonstance). Sur les pentes trachytiques, un gazon velouté, épais, mais jauni par places, brûlé sans cesse par les émanations sulfureuses qui filtrent dans le sol ; là où l'herbe manque, des ravinements cristallins étincelants comme du jais ou des coulées de soufre doré aux tons criards. Sur la crête, en volutes éparpillées, une vapeur mauve s'élève au ciel ou se rabat selon la brise. Au bord des rochers à pic, une mer d'un bleu crû qui se fond en vert tendre près des plages de sable sulfuré. Et comme contraste à ces splendeurs naturelles, en un renfoncement de la côte, trois huttes de pêcheurs misérables ; quelques barques amarrées sur la grève.

Nous rangeons, bateau de pygmées, la géante muraille de *Satano* dominée par un phare. Vers la nuit, nous apercevons le *faux Fusi Yama de Kiu-Siu* ; sur toutes les hauteurs, de nombreux feux s'allument, ensanglantant les ombres, jetant quelquefois des plaques rougeâtres très étendues, effet saisissant et mystérieux. Soirée fort belle.

Sixième jour. — On se tient au large, mais en suivant les côtes ; grâce au courant, nous atteignons, vers cinq heures du soir le *Cap d'Oosima* où l'on modifie la route. Son phare est doublé à une distance de quatre milles environ et nous marchons sur *Omaë*, autre cap et feu à cent trente-sept milles d'éloignement. Aperçu une baleine franche. Belle nuit.

Septième jour. — Omaë passé vers minuit. Nous laissons à bâbord la magnifique échancrure de terre qui forme le *Golfe de Totomi* ; tout au fond, dans les nimbes du ciel, se découpe la tête divinement neigeuse, le sommet légendaire, sujet de tableau classique, le pic de *Fuji-Yama*. Saluons ce palladium du peuple niponnais ; il mérite notre admiratif salut. Plus nous nous rapprochons de la pointe d'*Iro-o-Saki*, plus la montagne sainte se fait belle ; en dessous de sa couronne de neige nacrée, les pentes se révèlent avec leurs sillons parallèles tachés de glace, zébrés d'éclairs de soleil.

Voici le cap horrifiant dans ses déchiquetures volcaniques, dans ses teintes d'un noir lugubre ; quelques plaques arrondies ou allongées, bouquets de verdure ou de petits bois résineux, ne parviennent pas à atténuer la funèbre impression de ce passage ; c'est là que se perdit le 21 mars 1874 le *Nil*, bateau des Messageries Maritimes, corps et biens (70 noyés) et quand on contemple de près ce lieu de sauvagerie et de hérissements rocheux, on comprend le naufrage total, on frémit à la pensée de la mort rapide et épouvantable qui a surpris les malheureux. On me dit qu'un seul homme a survécu, mais que ramené à Yokohama, il n'a plus jamais voulu en sortir, le souvenir de ses angoisses étant devenu une véritable hantise. Un feu signale maintenant ce danger pendant la nuit.

D'Iroosaki nous sommes en quelques tours d'hélice à *Rock Island* dont le phare vu de loin semble penché com-

me la tour de Pise ; à côté, un sémaphore à qui nous nous
signalons. On tourne la pointe de *Simoda;* en face, au
N. E., s'ouvre le golfe de Tokio. La vie humaine reparait,
s'accentue ; des jonques à voile piquent au large ; près de
terre, une flotille de barques de pêche plus ventrues que
les embarcations chinoises et se manœuvrant d'un bord à
la godille. Tout change, nature, types et costumes ; un je
ne sais quoi de plus doux, de plus souriant passe dans l'air.
Vries, nom hollandais d'*Oosima* ou grande île, est par le
travers tribord ; un volcan en activité, de 700 mètres d'al-
titude lance vers nous un long jet de fumée blanche ; la
cime est évasée, les flancs déchirés, bouillonnés de lave
ancienne et nouvelle, et cependant l'île est habitée par un
millier de pêcheurs.

Un navire à voiles nous passe à contrebord, gouverné
vers l'ouest ; ses toiles grises largement gonflés ressortent
en demi teinte, en couleur neutre sur un ciel rouge orange ;
joli thème d'aquarelle.

Nous pénétrons dans le détroit d'*Uraga;* la brise à
fraîchi ; il fait délicieux. Le golfe se resserre ; la côte
s'aplanit. *Kannon Saki.* Enfin la rade de *Yokohama* s'étale
à nos yeux ; il est 2 heures de l'après-midi.

Vaste baie, imposante, mais pas d'encadrement pittoresque ; c'est presque une déception, surtout quand on
sort de Hong-Kong, la rade merveilleuse. Collines basses,
verdoyantes, à lignes uniformes. La ville, bien posée en
cercle gracieux, une ville mixte cependant, à style colonial européen et à chaumières de bois Japonaises ; rien de
sensationnel. Nous sommes mouillés très loin de terre ; autour de nous s'essaiment quelques vapeurs, une dizaine
de navires de guerre, la plupart Russes ; un seul, Français,
le vieux « Champlain » dont les machines sont démontées
depuis trois mois et qu'on ne se hâte guère de remettre
en place ; le bateau, clame une vilaine langue, craint la
mer et l'équipage, compris les officiers, aiment beaucoup
trop la terre !

Dans la baie de *Kanagawa,* de grandes jonques sont

à l'ancre. Vers le nord, une légère fumée qui court indique le chemin de la Capitale, *Tokio,* l'ancien *Yedo.*

Entre Hong-Kong et Yokohama
(*b*) par la route de Formose (est)

(Novembre 1881)

Il était écrit que je ne boirais pas ma « dernière goutte à la grande tasse ». Mon heure n'était point sonnée, ni celle de mes camarades du « Menzaleh », car la fameuse route de Formose Est (1) dans des parages alors presque inconnus, mal hydrographiés, a failli être notre tombeau.

Au départ de Hong Kong, comme nous n'avions à bord aucun passager, le Commandant nous prévint que, dans un but d'études, il allait tenter le passage par le sud et l'Est de Taïwan ; il voulait expérimenter l'effet du grand courant en opposition avec la mousson de Nord Est. Le second fit pour la forme quelques objections, mais sans succès. Va donc vers le mystère !

Premier jour. Au sortir des passes, nous piquons légèrement dans le sud au lieu de monter sur les Lamocks. Gros temps, mer démontée de travers, nous roulons bord sur bord ; installé les goëlettes.

Deuxième jour. Toujours le large. Grosse mer, continuation du mauvais temps.

Troisième jour. Nous approchons de *Formose* ; la protection des hautes côtes se fait sentir ; la mer s'apaise quelque peu.

Quatrième jour. Voici de l'inédit ; nous sommes récompensés de nos trois jours de bourlingage par de jolies

---

(1) Cette route a été suivie, depuis, par la flotte Russe sous les ordres de l'Amiral Rotjevensky en 1905, pour dépister les escadres Japonaises.

découvertes ; c'est d'abord la baie aux contours pittoresques de *Leang Kiow*, puis la pointe sud de *Nan Shan* (montagne du sud). Plusieurs plans montagneux se succèdent, vaporeux et violets au loin, très accentués de formes et de couleurs près de la mer ; une grande pyramide tronquée est surtout remarquable au second plan.

La pointe était autrefois abandonnée ; au moment où nous la doublons, de bon matin, une activité intense semble y régner ; dans une crique, brille au soleil, de toutes ses blancheurs et de tous ses cuivres bien reluisants, un « revenue cruiser » chinois, canonnière chargée du service des douanes ; c'est le Ling Feng ; sur la falaise, des cabanes, des travaux de bâtisse, des amoncellements de matériel, bois et fer, un essaim d'ouvriers allant, venant, que notre passage semble révolutionner. Avec nos lunettes, nous voyons le travail s'arrêter tout-à-coup, les gens se mettre à courir, à nous regarder de tous les points de rochers élevés ; quelques soldats apparaissent avec des piques et des fusils. Serait-ce un branle-bas de combat ? Sur le petit croiseur, tout s'agite aussi et d'après certaines attitudes, on pourrait croire que les canons vont nous envoyer quelques bordées. Heureusement, les Fils du ciel se bornent à hisser leur pavillon jaune où rampe le Dragon bleu et nous leur rendons la monnaie en déployant fièrement nos trois couleurs, mais sans aucun salut.

Nous avons su plus tard qu'on était en train de construire un phare aux frais des Douanes Chinoises ; la tour est en fer, assez haute ; terminée fin 1882 et l'appareil éclairant posé en 1883, elle a été entourée, ainsi que les logements des gardiens, d'une enceinte fortifiée en vue des attaques possibles des pirates ou des aborigènes. La position est magnifique, éminemment sauvage, encadrée de rochers grandioses, très forte stratégiquement, admirablement adaptée pour un futur petit port, et je ne doute pas qu'à l'heure présente un beau village, une escale importante se sont implantés sous la lumière protectrice du phare.

Le rivage est composé de roches en reliefs durs et hardis, soulèvements originaux de calcaire corallier ; la végétation sur les pentes paraît abondante, en tous cas très verte ; les arbres qui, réunis en forêts touffues, ne donnent aucun signe d'exploitation, présentent de belles variétés de bois de fer, pins et palmiers ; nos boys ajoutent que ces forêts presque vierges sont habitées par des légions de singes.

Laissant très loin vers le sud les terribles écueils de *Vele Rete*, nous sortons du *Canal des Bashee* pour remonter au Nord entre la grande terre et les Iles de *Botel Tobago*. Remarqué à la surface de la mer un remous formidable, mascaret gigantesque que j'attribue à la rencontre et à la lutte des deux courants qui se partagent les mers de Chine et du Japon, le courant froid polaire venant de Behring et amenant à l'Equateur des eaux relativement fraîches, et le courant chaud Equatorial qui conduit ses eaux brûlantes vers le Pôle. C'est ce dernier courant qui monte avec nous le long de la côte Est de Formose et que nous allons utiliser, tandis que le froid descend par le Canal entre Formose Ouest et la Côte Chinoise. Nous retrouverons ce phénomène de mascaret au Nord de Taïwan quand nous passerons près de Kelung.

Nous naviguons maintenant à la grâce et sous la protection de Dieu, car les cartes ne donnent que des renseignements incertains et peu nombreux. Les falaises accores tombent dru dans la mer par des fonds de 90 à 110 mètres, d'après les sondages ; néanmoins nous nous écartons de terre à environ un mille. Quelques jonques qui fuient à notre approche sont le dernier vestige d'humanité que nous rencontrerons ; pendant cinq jours, notre navire ne verra plus rien du monde civilisé.

La mer redevient houleuse, le vent de N. E. souffle avec violence, mais le courant nous aide à lutter et nous ne perdons pas trop de vitesse. La vague se fait régulière dans son énorme amplitude ; elle semble immobile ; ses mouvements de montée et de descente ont acquis une douceur surprenante et le bâtiment ne fatigue pas.

Comme paysages terrestres, rien de plus impressionnant ; rouges, noirs sombres, ruisselants d'humidité, des
murs rocheux nous dominent, nous menacent, nous écrasent de leur hauteur méprisante ; à leur base, nous ressemblons à une coquillette de noix. Suspendus sur les crêtes, s'étalent des bois verdoyants ; puis subitement, une
faille effrayante ; un coup de sabre démoniaque entaille
la falaise et nous y montre une gorge étroite, profonde,
solitaire, d'où s'échappe souvent en cascades écumeuses
un ruisseau filtré de l'intérieur ; c'est à peine si nous pouvons apercevoir dans le creux des hautes vagues l'embouchure de ces torrents.

Plus loin, sur la muraille bistrée qui tranche brusquement la mer, un éclair argenté scintille ; cet éclair devient une coulée de métal en fusion et lorsque nous sommes par le travers, il nous est offert de contempler une des
plus merveilleuses chutes d'eau que nos yeux puissent rêver. La classique Helvétie ne possède pas pareilles grandeurs.

Spectacles féeriques, inoubliables, répétés plusieurs
fois dans la journée sous des aspects multiples, imposants,
extraordinaires, parfois très délicats, depuis la cascade
de 400 mètres à bouillonnements de tonnerre jusqu'au
ruisselet ténu, au cordelet d'argent. N'était le chaos bleu
foncé des vagues qui se battent contre ces immenses parois de pierre sillonnées de jaillissement humides, on se
croirait aux Cirques de Gavarnie ou du Fer à cheval. Ces
coins admirables des Pyrénées et de Savoie n'auront jamais, pour moi qui ai vu la côte orientale de Formose,
un caractère de sauvagerie exceptionnelle. Nulle part,
dans mes voyages maritimes ou terrestres, je n'ai revu
une telle débauche de sublimes et horribles beautés, car
le cadre ici est inimitable avec ces vagues qui bondissent,
ce vent qui rage, cette terre inhabitée aux chatoiements
violets, à la rudesse sombre, sous un ciel tristement gris,
chargé de pluie où ne sourit aucun rai de soleil !

Vers le soir, le Commandant ne voulant pas rester trop près de la côte qui d'ailleurs commence à s'infléchir au nord-est, donne la route au large, à quatre ou cinq milles de terre ; il ignorait, hélas ! la direction exacte du courant de foudre qui portait beaucoup plus à l'est qu'au nord. Vers minuit, nous devions nous trouver au milieu d'un chenal, entre Formose et l'îlot écueil de *Samasana,* à grande distance de cette petite île, mais le Destin nous mit à deux doigts de la mort en nous conduisant sur elle.

J'avais passé la soirée gaiement au Carré, puis je m'étais retiré dans ma cabine. Tout dormait à bord. A peine étendu sur mon lit, rêvassant avant la venue du premier sommeil, j'entends la sonnette de la passerelle retentir brusquement dans la machine. Mauvais signe ! Je me lève, me précipite dans la batterie. On crie d'en haut : « En arrière, à toute vitesse ». Pendant que les pistons stoppent, se renversent et que la manœuvre heureusement s'exécute, je grimpe comme un chat sur le pont. La nuit noire, très noire ; un silence angoissant ; la machine vient de s'arrêter. Je cours de tribord à bâbord sans rien voir d'anormal. Et cependant dans ce noir, derrière ou devant ce noir, il y a, il se passe quelque chose ! Le Commandant qu'on vient de réveiller court avec le timonier vers la passerelle ; je les suis et du pont j'écoute la conversation :

— Commandant, dit l'officier de quart, nous sommes sur Samasana.

— Pas possible, mais où donc ?

— Là, en face, tenez, voyez, sur tribord.

Ecarquillant les yeux, fouillant dans la nuit, habitué enfin à l'obscurité, j'aperçois à une demi-encâblure une masse noirâtre hérissée de rochers encore plus sombres. Quelques minutes de plus et nous nous brisions sur eux ; personne n'aurait jamais eu de nos nouvelles. Quelques lignes : *Menzaleh* perdu corps et biens ; notre oraison funèbre, autant que notre mort eussent été courtes.

Je demeurai un instant pétrifié, hypnotisé par la contemplation de ce morceau de pierre isolé dans l'Océan Pacifique qui aurait pu être notre tombeau, mais, bizarre impression, aucun sentiment d'effroi ne vint m'effleurer ; j'attendis, appuyé sur la lisse, silencieusement, que notre bon navire se fût remis sur la vraie route et que Samasana eût disparu dans le vague nocturne pour redescendre me coucher et, ma foi ! je dormis fort paisiblement. Ce n'est que le lendemain, à table, que chacun parla de l'évènement et que l'on résuma l'émotion de la nuit en ces simples mots : « Nous l'avons échappé belle ». Deux choses ont surnagé en moi, le nom fatal de cet îlot qui restera, jusqu'à ma fin, gravé dans un pli de mon cerveau, et une amitié profonde pour l'excellent officier, le brave Vannier, qui par son sang-froid nous a sauvés du naufrage. Nous lui devons tous, comme à Notre-Dame de la garde, une jolie paire de cierges !

Cinquième jour. — Dès l'aube, nous rangeons la terre de plus près ; les scènes grandioses se reconstituent comme la veille ; l'Ile mérite son nom de Formosa, la belle, que lui ont décerné les premiers navigateurs Portugais. Toujours des montagnes à pic, rosées, violettes, noir-bleuâtres, des gorges superbes, des ravinements profonds dont le thalweg se dessine avec une rigueur précise, très impressionnante, des torrents glissant à la mer en cascatelles ou se déversant au travers de mystérieuses fissures. (1) Et sur l'eau, quelles beautés admirables ! Les lames sont énormes, paraissant monter au ciel (image non exagérée), nous dominant parfois avec la mobilité de glaciers qui vont s'effondrer et nous submerger dans le petit creux d'où, nains de la nature, nous les contemplons, lames formidables de hauteur, mais encore plus longues que hautes, si bien que notre pauvre rafiot grimpe et dévale avec elles très doucement, facilement, presque agréablement sans

---

(1) Cette côte orientale de Formose, qui de la mer paraît inhabitée, recèle cependant plusieurs petits ports, tels que Jubon, Tavah, Lovan, Danow. Kelung est fortifié et fut bloqué par l'Amiral Courbet quelques années après notre passage.

dure secousse ni fatigue. J'ai vu de belles vagues dans l'Océan Indien, dans le Golfe du Tonkin, mais jamais avec pareille amplitude, pareille majesté dans le soulèvement des eaux ; le spectable est si beau que je ne sens rien, ni crainte, ni serrement de cœur, ni... mal de mer !

Nous avions à certains moments l'allure de ces albatros, de ces grandes mouettes qui se réfugient sous les côtes par les gros temps du large et s'amusent à danser avec la houle ; je ne pouvais me lasser d'admirer mon brave « Menzaleh » batifollant avec les grandes vagues et de le comparer à un oiseau de géante envergure ; cette danse était si régulièrement cadencée que la machine n'eut pas besoin de déclancher le régulateur, l'hélice restant plongée continuellement dans la lame ; nous ne reçûmes sur le pont aucun mauvais coup de mer.

Vers le soir, *Kelung* par le travers ; puis la pointe nord. Grands et terribles remous ; puis, nous filons au Nord-Est laissant à notre ligne de bâbord *Agincourt*, très loin, et à celle de tribord l'archipel des *Riu Kiu* (Lieou Kiou).

Sixième et septième jour. — Mousson fraîche ; mer maniable. Nous rallions l'archipel *Cécille*, le traversons en dessous d'Hebi Sima et filons droit sur Oosima.

Huitième et neuvième jour. — Même traversée qu'à la route précédente. Temps gris, pluie et vent. Arrivée à Yokohama le matin à la stupéfaction de tout le monde, car on nous croyait perdus, n'ayant été aperçus ni signalés nulle part depuis Hong-Kong. Le chargement attendu par le Commerce avait été réassuré à double prime et l'Agent avait même télégraphié à Marseille toute son inquiétude. Quant à notre audacieux Commandant, il se promit de ne plus recommencer !

Un sauvetage (Golfe de Totomi)

(21 mars 1880)

Date funèbre, coïncidence sinistre. C'est aujourd'hui en 1874 que le *Nil* poussé par une mer affreuse a été englouti, et nous sommes nous-mêmes en face d'Iro-O-Saki à l'entrée du golfe de *Totomi*, avec une tempête d'équinoxe. Pris par l'ouragan qui rage de l'Est, Nord-Est au Nord, Nord-Est, nous gouvernons mal depuis Omaë Saki. Le navire fatigue énormément et l'hélice tourne hors de l'eau avec un fracas épouvantable ; tout tremble, tout vibre à bord. Sur la passerelle, le Commandant et l'Officier de quart sont occupés à varier la direction, à changer la barre pour parer aux mauvaises lames et tâcher de doubler sans dégâts le cap fatal, mais les éléments sont plus forts et il faut fuir vers le fond de la Baie à la recherche d'une crique abritée, du nom de *Yago*.

Malgré la hauteur des terres, la mer ne tombe pas et force nous est de mettre à la cape ; par moments, quelques accalmies de vent et de vagues moins dures, mais, à l'exemple du Bébé qui pleure et s'arrête pour repiquer de plus belle, la tempête ne se repose que pour mieux hurler ensuite, et le bataclan continue. Furieuses de notre immobilité d'écueil, les lames nous attaquent, montent à l'assaut et malgré toutes les manœuvres, nous sommes mis « en échec ». Un vorace et turbulent paquet de mer escalade le gaillard d'avant, se rue sur le pont, balaie tout et finalement envahit le salon du gaillard arrière, puis ruisselle dans l'entrepont des secondes. Une vraie cascade dans l'escalier, de l'eau jusqu'aux genoux ; quelle baleine ! Il nous faut une bonne heure pour étancher ce vilain coup d'arrosoir. Dehors, le tableau est superbe d'horreur ; en cercle, battu par des écumes jaunes, un rivage qui s'élève rapidement en hautes montagnes grises ; un ciel de deuil ; une mer, couleur, elle aussi, de demi-deuil à reflets noirs ouatés de blanc, et par dessus tout cela, une lutte de cris aigus, de sifflements, une rage tapageuse au paroxysme de la folie.

A 4 heures du soir, le timonier de service signale du côté du large une embarcation faisant des appels de détresse. Je regarde avec mes jumelles ; effectivement, quelques Japonais en kimonos bleus, accroupis sur une épave

qui flotte au ras de l'eau, le mât brisé, poussent des lamen-
tations et remuent les bras. On remet en marche prudem-
ment pour les accoster, mais la mer est peu maniable ;
aussi nous faut-il une pénible demi-heure de tâtonnements
avant de pouvoir leur lancer une amarre sur l'arrière. Les
pauvres gens ont le corps à moitié couvert par l'eau et
chaque minute, des risées salées leur cinglent la figure ;
les filets et le mât plongés interdisent tous mouvements de
rames et godilles. Les malheureux pêcheurs en dépit de
cette position navrante refusent de quitter leur jonque et
s'y cramponnent avec une énergie farouche ; ils se bornent à serrer notre amarre, et nous reprenons lentement
notre route vers le Sud.

Mais sous l'action du vent, des lames et du remous de
l'hélice, la jonque reçoit des secousses dangereuses ; elle
vient souvent se jeter sur notre étambot et semble s'y
fracasser ; le restant de voile hissée à un espar de fortune
que les naufragés avaient installé tombe à l'eau et donne
à la barque une bande effrayante ; la voile se creuse et se
remplit, il est temps de faire évacuer les six hommes ; autrement, c'est la noyade, la mort à bref délai. Notre char-
pentier japonais parlemente avec eux et les invite à se
réfugier à notre bord. Refus violent. On insiste à nouveau,
on les voit se regarder, se consulter à mi-voix quand, épée
de Damoclès angoissante qui se détache, une vague monstrueuse s'avance et passe en foudre sur les obstinés ; nos
cœurs se compriment comme dans un étau. Ont-ils disparu ? Le calme reparaît ; ils sont encore tous là, agrippés
aux planches qui surnagent, effondrés dans leur misère et
leur chagrin, mais ils ont compris et consentent à monter
chez nous. On leur jette une échelle de corde.

Hélas ! Nos efforts seront-ils perdus ? Mouillés, kimonos collés à la peau, transis de froid, les mains gercées,
insensibles, les pauvres gens ne peuvent pas se retenir à
l'échelle ; ils luttent en vain pour se relever et atteindre
les cordes à nœuds. Leurs visages bronzés se raidissent de
désespoir, la souffrance passe dans leurs yeux vaillants et

cependant ils restent immobiles, ne voulant pas avouer leur impuissance et leur anéantissement... C'est maintènant qu'éclate le sentiment de solidarité humaine qui fait la gloire du matelot français ; il ne sera pas dit que des hommes, même étrangers de race exotique, mourront sans secours à l'ombre du·pavillon tricolore. Avant de recevoir l'ordre des officiers, un mathurin s'affale par l'échelle de corde ; un autre le suit ; ils empoignent les naufragés, les ficellent comme des saucissons et le va-et-vient s'opère entre eux et les·camarades demeurés en haut du pont ; doucement, ce palan improvisé hisse sur notre dunette les six victimes de la mer.

Ils sont là, découragés, indifférents à tout, regardant uniquement leur jonque, leur petite fortune, oubliant de nous remercier. Le Commandant, malgré leur attitude hargneuse, fait ce qu'il peut pour sauvgarder l'épave ; on garde et on allonge la remorque, mais notre marche en route entraîne des secousses peu rassurantes. Vers 6 heures, l'amarre craque, saute en l'air ; la jonque déjà remplie d'eau bascule et disparait. Les Japonais, agenouillés à l'arrière, se lèvent d'un seul ressort et dressent les bras au ciel en poussant des plaintes. Tout est fini !

Je les prie alors de descendre ; on les installe sur les galeries supérieures de la machine pour se réchauffer. Je leur fais servir du thé et du riz ; ils restent ainsi silencieux jusqu'à Yokohama.

Nous gardons encore la cape jusqu'à 11 heures du soir. Quel vacarme ! Quelle nuit ! Enfin Rock Island est doublé sous des rafales de vent déchaîné ; à minuit, nous avons dépassé le feu et nous trouvons un temps plus maniable.

Le 22 mars au matin, entrée à *Yokohama*. Nos réfugiés quittent le bord à neuf heures ; ils ont repris leurs forces et leurs esprits·et nous prodiguent en partant des multitudes d'Arigato (1).

____

(1) Merci.

Les journaux indigènes relatèrent, quelque temps après, le sauvetage en distribuant les plus chauds éloges « aux braves marins Français »; la jonque perdue valait 500 yen. Notre Commandant reçut un cadeau artistique du Gouvernement Japonais avec un témoignage de haut remerciement pour l'état-major et l'équipage ; le Consul de France vint aussi nous porter ses félicitations.

Nos bons Docteurs

Depuis l'époque du « fâcheux » Molière, les médecins Français ont conquis bien des amitiés, bien des respects par leur science et leur caractère ; ils ne saignent plus, clystérisent très peu et purgent encore quelquefois. Les études sont devenues sérieuses et le ministère s'est fait plus consciencieux ; à part certaines rares exceptions, nos Docteurs modernes savent leur devoir, le poussent souvent à l'esprit de sacrifice et nul plus que moi n'admire leurs sincères dévouements.

Cette déclaration d'exorde me met à l'aise pour parler des médecins de marine que j'ai connus et qui, hélas ! entraient presque tous dans la catégorie des exceptions. Passagers, mes amis, ne venez pas à bord vous faire soigner si vous êtes gravement malades ; ne comptez pas guérir ici : « lasciate ogni speranza voi ch'intrate ».

Le Docteur maritime est en effet un type spécial ; ou bien jeune étudiant, frais et rose poupinard à face imberbe, tout récemment promu, qui vient naviguer pour donner à sa barbe le temps de croître et à son expérience de mûrir ; ou médecin de campagne désabusé, criblé de dettes (car nos bons (?) paysans n'aiment pas à payer les guérisseurs) ; ou médecin des villes aux débuts malheureux à qui la plaque dorée de sa porte n'a pas amené la

clientèle et qui cherche à se refaire une virginité en gon-
flant quelques économies ; ou, faut-il le dire, Docteur de
la marine de guerre mis à la retraite d'office pour incapa-
cité, etc., etc. Ce tableau est, je le regrette, peu flatté, relativement sévère, mais il est juste.

Selon ses origines, le médecin des paquebots peut
être utile, inutile ou dangereux ; utile, il le devient s'il
cherche à se faire la main, à gagner de l'expérience, simplement en pratiquant de son mieux. Inutile, par contré,
reste celui qui, découragé, égoïstement féroce, ne navi-
gue qu'avec l'intention de gagner du temps et... de l'argent. Dangereux, très dangereux, le dernier type, le re-
traité incapable.

Tiplan, que je présente comme échantillon « utile »,
est un garçon charmant, sympathique. De petite taille,
replet, joues épanouies, cheveux bouclés fleurant les parfums à la mode, légers favoris blondissants, moustache
naissante, il porte crânement la casquette à bande velours
cramoisi ; sa tenue coquette ne pêche par aucun défaut.
Au moral, gai, ouvert, expansif, il papillonne autour des
dames, les soigne avec de gracieux compliments, les ré-
conforte avec de pétillantes plaisanteries ; les maris (race
désagréable) le surveillent du coin de l'œil et ne se prê-
tent guère aux consultations derrière le rideau vert des
cabines. C'est la seule mortification qui blesse sa com-
plaisante philosophie.

Signes particuliers : prend un double menton, abuse
des gilets blancs qui augmentent son obésité menaçante,
bégaye et zézaye, adore le jeu de dominos, a la manie, comme votre serviteur, de tout poétiser dès qu'il
s'agit des spectacles de la mer. Et pour terminer, excellent camarade toujours prêt à rendre service, ennemi des
cancans de gaillard d'avant, bon médecin à l'occasion.

Quel contraste nous offre l'échantillon numéro deux,
genre des inutiles ! *Dutilleul* parle l'accent tonitruant
des rives de la Garonne bien que ses fiches anthropologi-
ques le rattachent à une essence septentrionale. Tête car-

rée, lourde, cheveux roux, yeux indécis, démarche oscillante, jambes arquées, allures froides, bizarres, mystérieuses ; il tente de passer et de vivre invisible, reste souvent enfermé dans son antre-cabine pendant deux à trois
jours. En fait, c'est plutôt un timide. Il craint tout, même
d'avoir à exercer son ministère et tient sur les malades et
les maladies des théories prudhommesques : « Vous n'a-
vez pas faim. Ne mangez pas. Quand votre corps aura
besoin, il demandera à manger ! Vous êtes fatigué. Re-
posez-vous. Vous avez toujours soif. Buvez, etc., etc. » Il
nous insinua un jour que la mort était la fin « naturelle »
de la vie et, par conclusion simplette, « une délivrance » ;
pour le reste, il faut savoir attendre ; la meilleure pharma-
copée est le temps. Nous connaissions le moyen de le mettre
en colère, c'était de ne point paraître convaincus ; il nous
toisait alors de son plus souverain mépris. Avouons à sa
décharge qu'il eut une fois à soigner un malade « sérieux » ;
il ne s'en tira pas trop mal, mais on ne le revit plus sur
le pont de quelques jours ; il se reposait de son alerte !

Signes particuliers : très gourmand, ennemi des paysans qui l'ont exploité et mis sur la paille ; avare et négli-
gé en sa toilette. Déteste la mer et la navigation, mais
les préfère encore à la campagne.

Voici le type dangereux, type heureusement très rare
pour l'honneur du corps médical. Le Docteur *Rouman* sort
de la Flotte ; moko d'origine, mal élevé, commun d'allures et de gestes, jamais je n'ai rencontré son pareil comme
nullité intellectuelle, absence de cœur et d'amour-propre.
Il se promène en se dandinant et fumant d'affreux ciga-
res ; sa casquette de travers, presque crasseuse, coiffe
une tête brune de Maure, aux pommettes légèrement saillantes, à l'œil noir, terne et mauvais. Ne conversez pas
avec lui si vous détestez les lieux communs et les baliver-
nes ; surtout ne vous avisez pas... de tomber malade.
Deux exemples pour le stigmatiser : nous traversions le
Canal de Suez et nous étions garés pour livrer le passage
à un Transport de guerre Anglais. Quand on repartit et

qu'on choqua les amarres, l'une d'elles vint à « péter » ;
un coup de fouet terrible, un cri d'effroi général parmi
les matelots et les passagers, plusieurs hommes renversés,
Le calme revenu, nous nous aperçûmes qu'un marin gisait toujours sur le pont, gémissant, incapable de se relever ; il avait la jambe droite cassée. On appelle le Docteur ; point de réponse. Je cours dans sa cabine, à l'Infirmerie, au Carré ; introuvable. De guerre lasse, nous por-
tons le blessé dans le faux pont ; l'infirmier s'empresse.
coupe le pantalon, verse de l'eau froide sur le membre
pour arrêter l'enflure. Cependant, on cherche le médecin ;
on finit enfin par le découvrir étendu, caché sous les cail-
lebotis du gouvernail d'arrière et faisant le simulacre de
dormir. Croyez-vous qu'il se hâta de descendre pour ac-
complir sa mission, son simple devoir ? Non. Il débuta par
rallumer sa pipe à demi éteinte, puis exhala sa plus méchante humeur contre... le Canal de Suez. Aussi, il était
stupide, ce Canal, avec ses garages ; idiot, Monsieur de
Lesseps ; atroces et mal conditionnées, les amarres : cou-
pables, les officiers, le maître d'Equipage, les chefs de
bordée qui n'avaient pas prévu l'accident et patati, et
patata. Nous le poussâmes, furieux, vers l'escalier ; en
bas, il ne dit rien, ne fit rien, approuva les mesures prises par son second, un brave garçon de salle improvisé
pharmacien et chirurgien, faillit injurier le malheureux
qui s'était fait casser « si bêtement » la jambe, et dès l'arrivée à Port-Saïd, se hâta de le débarquer à l'Hôpital.

Le second trait m'est personnel et j'en ai longtemps
porté la marque. Etant sur rade de Shang-haï, je prenais,
un soir de lourde chaleur, ma douche habituelle ; le sabord de la cabine de bains grand ouvert, j'entendis soudain un bruit anormal le long de la muraille du navire ;
j'avançai la tête pour surveiller au dehors. Un sampan
Chinois, probablement de contrebande, se collait sur
nous et, dans le but de résister au courant de la marée,
un des bateliers lança sa longue gaffe crochue sur le le-
vier de mon sabord. Je me reculai brusquement, la masse

de fonte détachée tomba vers moi avec fracas et si je ne
fus pas assommé sur le coup, grâce à Dieu, je reçus le pas
de vis de l'écrou sur le nez qui fut littéralement déchiqueté. Le contact de l'eau dans ma baignoire ensanglantée
me fit revenir à moi, et rhabillé sommairement, je me
précipitai chez le Docteur. Ah ! la jolie réception ! Il
m'incendia de sottises, me traita d'imprudent, de fou et
quand j'insistai pour qu'il examinât mon pauvre appen-
dice facial, le priant de remettre en place les chairs ou
les cartilages s'il y en avait de brisés, il me répondit froi-
dement, en un sourire satanique, que « c'était mon affaire », que « je le ferais mieux que lui », etc., etc. Et je dus
m'installer devant ma glace, me laver, me panser moi-
même, restaurer les débris de mon organe olfactif, sáns
le concours de la Faculté.

Ce praticien odieux possédait quelques secrets de guérison : la limonade de Rogé était indiquée comme déga-
gement du ventre, des intestins, du foie, de la tête ; dans
le cas contraire, il appliquait le sous-nitrate de bismuth.
Un point, et c'était toute sa science !

Il serait oiseux de dépeindre plusieurs autres caractères de Docteurs ; qu'il me soit permis de signaler le mor-
phimomane, détraqué, neurasthénique, excellent camarade à ses heures de repos cérébral, mais qui m'aurait at-
taqué dans ma cabine s'il eût jamais appris que, par ordre du Commandant, je cachais la clef de la pharmacie
tous les soirs. Et aussi le Docteur spirite, évocateur de
fantômes, hypnotiste amoral, frisant, comme un autre de
ses confrères, les limites du Code. Les pages à écrire sur
eux seraient trop tristement écœurantes ; il vaut mieux
les brûler.

⇒══✕══⇐

La Brume

En ma prime jeunesse j'avais vaguement entendu
parler des brouillards jaunes de Londres, des grises bru-

mes de Lyon ; j'avais vu en hiver des buées glaciales courir sur le sol de nos campagnes le matin jusqu'au réchauffement solaire, mais jamais mon imagination n'aurait pu concevoir l'immense et inextricable toile d'araignée qui se forme au début du printemps à travers les mers de Chine, arrêtant les navires, les obligeant à naviguer dans l'inconnu et les exposant ainsi à des abordages mortels.

L' « Amazone » était partie de Hong-Kong vers 4 heures du soir par la passe Nord ; à peine en face de Lyemoon Pass, nous sommes enveloppés de tous les côtés, en un clin d'œil, par une brume ténue, grisâtre, ouatée et gluante à la façon de ces perfides manteaux que jetaient les Ondines d'antan sur les épaules de leurs victimes avant de les entraîner au fond des lacs mystérieux et féeriques, à la façon de ces tentacules suceurs des gigantesques calmars dont Victor Hugo s'est fait l'admirable descripteur. Le filet était lancé sur nous et nous menait droit aux abîmes sur toutes les roches hérissées aux flancs de notre route ; impossible d'avancer, impossible de demeurer dans l'étroit chenal où nous étions engagés.

Trés prudent, le Commandant Lormier fit machine en arrière ; le navire évolua lentement sur lui-même et reprit le chemin de la rade de Hong-Kong où nous retrouvâmes ciel bleu et beau soleil. Mais on ne devait pas songer à y mouiller et nous continuâmes notre marche vers les passes du sud, espérant y rencontrer de la brise et du ciel éclairé afin de nous écarter de la côte et prendre le large. Tout réussit jusque dans le canal d'East Lamma à peu près par le travers d'Aberdeen ; puis brusquement un grand rideau tomba et nous fûmes de nouveau saisis par le réseau de brume. Cette fois il était trop tard ; trop dangereux, un recul en arrière. On sonda pour se rapprocher légèrement de terre sans risques d'échouement et l'ancre fut jetée.

6 heures du soir. Nuit aussi épaisse que la brume. Nuit de veille, d'angoisses, de hantises multiples. Personne ne dormit à bord ; on guettait le lever de la brume, l'appa-

rition de quelques étoiles et d'un pan de ciel. Tous les feux
de position restèrent allumés ; on en ajouta à l'arrière,
mais c'était l'emplâtre classique sur une jambe de bois.
On ne voyait rien à deux pas. Sur le pont, un frissonnement humide, glacé, qui perçait la chair jusqu'aux os, traversant nos flanelles comme si la pluie tombait à seaux ;
un silence de mort, car la brume diminue l'intensité des
bruits, et l'on se cognait tout d'un coup sur un matelot ou
un officier sans l'avoir vu ni entendu venir.

Cette nuit-là, je me couchai tout habillé, mais mon
sommeil fut pauvre. Souventes fois, je me réveillais en
sursaut, secoué par un choc vibrant dont le bâtiment
tremblait. Abordage de jonques qui revenant du large et
rentrant dans les îles à l'estime, se jetaient sur notre coque
transformée en formidable écueil et y brisaient une partie
de leurs agrès. Des hurlements, des ordres hachés, préci-
pités ; la barque chinoise débordait, glissait le long de
notre mur de fer et disparaissait dans le noir. Nous ne pûmes « remettre en route » qu'à cinq heures du matin.

Un autre voyage, sur le « Menzaleh », la brume nous
persécuta depuis les Lamocks jusque sur la côte du Japon ;
il fallut quitter le milieu du Canal pour suivre les rivages
de Formose où nous avions la chance de ne rencontrer aucun grand steamer. Mais quel souci ! marcher à six nœuds,
siffler toutes les cinq ou dix minutes jour et nuit, ce fut un
véritable cauchemar. Quand, subitement, dans le vague
extraordinaire de la brume, retentissait au loin un autre
sifflet aigu ou grave, c'était une réelle hantise. D'où vient-
il ? Est-il à contrebord ? Le sifflement se rapproche-t-il ou
non ? Tout restait tendu, oreilles, yeux, cerveau pendant
des heures féroces, mais l'inconnu ne se dévoilait pas et
l'on continuait à marcher au petit bonheur.

Ce phénomène angoissant rendrait fou à la longue ;
ce n'est pas le jour nuageux, couvert du ciel à l'horizon,
où filtre parfois un timide éclair de soleil ; ce n'est point
la nuit sombre avec ses étoiles consolantes même si elles
sont rares, ses horizons bleutés que l'œil finit par scruter

et percer ; c'est une prison sans murs, ni portes, ni voûte
où le regard perd son acuité, une cave glaciale que ne
blanchit pâlement aucun soupirail et qui suinte partout
l'humidité ; c'est l'horreur du Gris, une mort vivante de
la nature qui n'a plus de formes, de reliefs ni de limites.
Aussi, quel cri de joie et de renaissance lorsque, l'air peu
à peu se garnissant de brise, cette épouvantable grisaille
s'effiloche en flocons ouatés, en bandes allongées ou rondes
nuées ; le ciel reparaît demi bleu, les mâts, les roufs, les
bordages du navire redessinent leurs lignes aimées ; enfin,
tout à fait à la fin, la mer étale à nouveau ses vaguettes,
son immensité verte et jaune, ses horizons fixes qui barrent
au loin le ciel.

Un homme à la mer

C'était par coup de vent de nord ; notre paquebot roulait épouvantablement. Le pont était condamné et de toutes parts on avait établi des saisines pour se guider et se
retenir quand le service forçait à passer de l'arrière à l'avant. Il fallait faire de l'acrobatie, tendre ses jambes en
équerre et je ne compte pas les formidables embruns que
je reçus ce jour-là, me trempant de la casquette aux souliers et m'obligeant à redescendre changer d'effets.

Après le déjeûner, je prenais un instant le frais, collé
au rouf du fumoir, les mains crispées aux ferrures, en
compagnie de quelques officiers et passagers ; on plaisantait, on riait « un peu jaune » sur le roulis et le meilleur mode de garder sa stabilité. Tout d'un coup, le navire reçut un choc puissant ; la partie du pont tribord où nous
étions accrochés s'abaissa, plongea, fit cuiller, selon l'expression imagée des marins. Je me cramponnai fébrilement, me sentant attiré vers le vide en une posture per

pendiculaire ; alors un cri d'effroi retentit. A deux pas de moi, un passager avait tout lâché et roulait le long des bastingages ; l'eau le prit, le remua comme une plume et je le crus enlevé lorsque heureusement le bateau se redressa. Nous pûmes saisir le malheureux plus mort que vif, légèrement contusionné et mouillé jusqu'aux os.

Mais ce n'était pas fini de nos émotions. Des matelots de la bordée venus pour nous aider s'en retournaient vers l'Avant. Un nouveau tremblement, une nouvelle secousse plus horrible que la première, et le cri plus atroce encore : « Un homme à la mer ».

Un des matelots avait été cueilli par la lame, soulevé et jeté au dessus du bordage, en face de la passerelle. Nous le vîmes, surnageant au sommet d'une vague monstrueuse, disparaître, puis lancé sur la coque par une autre lame. O bonheur providentiel ! Ce qui l'avait perdu le sauva ; la muraille tribord plongea et le pauvre naufragé échoua sur la grande échelle de l'arrière où d'instinct ses doigts s'attachèrent, rivés à une tringle de fer. On s'élança, on le tira sur le pont, Dieu sait comment et en combien de temps, car aujourd'hui encore cette scène se représente à mes yeux sous forme d'un éclair. A quoi tient la vie ?

Quant au rescapé, emporté évanoui à l'infirmerie, il resta quelques jours hébété, oublieux de ce qu'il avait fait pour se sauver, se demandant si tout cela n'était pas un rêve.

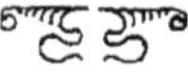

Ménagerie à bord

L'avant d'un navire est une véritable ferme, une petite basse-cour, une simili ménagerie. Des étages de cages à volailles, des parcs barrés de traverses de bois avec auges, mangeoires, rateliers comme sur le « plancher des vaches ». Voyageurs, allez visiter ce coin original après le départ des grands ports ; vous y verrez les bœufs du Limousin que remplaceront en cours de route les petits bœufs noirs à l'œil mauvais, avec ou sans bosse, les moutons serrés à ne plus pouvoir bouger, derrière les grillages des cages, les canards à col vert, les poulets de grain, les oies, dindons, braillards de la bande, car si les ruminants sont calmes, abrutis par le roulis ou le tangage, la gent volatile fait du tapage pour quatre ; les coqs chantent au petit jour, les canards cancannent, les moutons bêlent, et de loin en loin, ce n'est pas mince plaisir d'entendre cette musique campagnarde qui rappelle le pays.

Surtout, ne venez pas par ici de grand matin ; c'est l'heure du sacrifice. Le boucher, bourreau aux manches retroussées, y commet ses crimes, y fait ruisseler le sang des victimes. Après les exécutions, un coup de sifflet du maître ; la manche est mise en batterie et bientôt il ne reste aucune trace des hécatombes.

Si l'état civil de la ménagerie enregistre des décès, il note parfois des naissances ; au retour de Shanghaï, les brebis nous donnaient de jolis rejetons, tout frisés de blanc, museau bien rose et c'était un évènement pour les passagers ; on venait en promenade du pont arrière pour caresser cette marmaille bêlante que le boucher avait consigne d'épargner le plus longtemps possible.

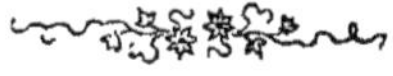

Troupes d'artistes

Les paquebots transportent souvent en Extrême-Orient des troupes théâtrales qui, sous la conduite d'un Impresario, vont donner aux populations coloniales un maigre souvenir des opérettes et comédies de la mère Patrie. Colombo, Saigon, Batavia reçoivent de préférence leurs visites et ont été (c'est le cas de le dire) le théâtre de « poufs » lamentables.

Presque toujours, les troupes sortent de France ou d'Italie ; une étoile féminine, un ténor poitrinaire qui part avec le triste espoir d'allonger ses jours au soleil des Indes, une basse ventripotente, des comparses infatués de leur gloire future, ramassés dans les coulisses des « Variétés » ou « Gymnases lyriques » de province ; pour orchestre, un piano ; pour décors, quelques lambris de carton doré. Tout ce monde spécial s'embarque guilleret, la bouche en cœur, muni d'un contrat mirifique et... six mois après, revient en Europe la tête basse, hâve, loqueteux, avec des réquisitions de passage d'indigents, pendant que le Directeur, l'Exploiteur neuf fois sur dix, reprend le même chemin en première classe, tonnant, vitupérant contre les déboires de la vie coloniale, mais préparant sous cartes un nouveau plan théâtral pour la saison prochaine. Pauvres artistes ! Combien vaniteux, pédants, mais aussi naïfs et finalement miséreux ! Les trésors de Sarah Bernhardt ne germent pas pour eux dans les régions tropicales.

Voici un tableau d'étude de troupe italienne. Il Signor Direttore, correct, sanglé dans une redingote qui fut jadis noire et qui brille d'un lustre flambant dû à plusieurs couches de sueur graisseuse, ressemble à son illustre compatriote Fra Diavolo ; il tourne allegro furioso des yeux noirs et blancs dans des orbites menaçantes, mais grimace pareillement des sourires obséquieux ; grandes moustaches sombres, chevelure longue teinte corbeau ; et un bagout, un moulin à paroles grinçant la crécelle ; il a tout vu, il connaît les gouverneurs de l'Inde, les hauts Résidents de Cochinchine et de Java, a dîné chez tous les Consuls ; n'a quitté, point capital, les planches où sa voix « souperbe » de baryton soulevait les applaudissements les plus frénétiques, que dans l'intérêt de la « grrrande voulgarisazionne de la mousique italienne. »

La Prima Donna, femme idéale descendue d'un cadre de Vinci, épouse morganatique d'Il Signor Direttore, trône au milieu des autres artistes femelles, ses suivantes ;

ses pas sont comptés comme sur la scène en une démarche de noblesse indéniable. Récemment gratifiée d'un bambino qu'elle élève au biberon, elle traite cet enfant en principicule ; chacun et chacune s'empressent à lui faire la cour, à le dorloter, le bercer ; les femmes surtout se le disputent. Alors Monsieur le Directeur lui-même se sent attendri, il ne roule plus ses yeux furieux, il contemple le petit être « con amore appasionato » et scrute sur ses traits mystérieux l'avenir de gloire que lui réserve le Théâtre.

Passant dans la batterie au milieu d'une de ces représentations d'attendrissement, je m'arrêtai et offris mes compliments ; le bébé, recroquevillé dans les bras de sa mère, avait la main mollement courbée sur sa poitrine comme s'il jouait de la mandoline ; et sur ce, l'assistance de s'exclamer : « mossiou, regardez ; lou petit diavolo, l'a déjà l'attitoude musicale ».

Parlerai-je des hommes ? sexe peu intéressant. Un gros pansu fait les pères nobles et les comiques ; ses joues colorées violemment rebondissent ; à table, il dévore. Son voisin, maigre, pointu, pâlot, squelette vivant, donne la chair de poule ; c'est le traître. Face glabre, mais poupine à pommettes rosées, le Ténor sentimental sent trop les effets de la mer ; ne mangeant pas, il dépérit et n'a plus de voix ; Il Direttore en est outré et désespéré. Les chœurs ont un effectif de quatre hommes dont deux soldats, déserteurs d'une armée quelconque innommée, qui ne savent pas l'italien, mais chanteront... tout de même !

Quant au pianiste, c'est un orchestrion à vapeur ; il fume toute la journée et ne parle jamais : rare qualité chez un habitant de la Péninsule à Botte.

Entre Saïgon et Hong-Kong, par une tiède nuit criblée d'étoiles, la troupe, ayant demandé la permission des « autorités », donna sur le pont une *idée* du Trouvère ; ce fut relativement cocasse, mais les passagers sevrés de tous plaisirs Européens se montrèrent indulgents et applaudirent. Le Commandant, plus mélomane, ne goûta

pas cette fantaisie et refusa de nouvelles autorisations.
Aussi reçut-il, au débarquement, la flèche du Parthe Directeur. Cet aimable pseudo-Baryton répéta à terre en
roulant ses yeux plus « furioso » que jamais que le Capitaine de l'« Amazone » n'était pas « gentiluomo ».

Le Fou

Le grand oiseau voltige à travers la tempête,
rasant la mer, dormant sur l'eau, porté plus loin
chaque jour, au hasard, sans but et sans témoin,
seul, fou de solitude et de libre conquête.
Dans l'écume des flots, le Fou cache sa tête :
on dirait du repos qu'il n'a jamais besoin
et personne ne sait sur quel pierreux recoin
il s'en vient aborder quand il faut qu'il s'arrête.
Ton vol en mer, ô Fou, me rend toujours rêveur
et je tremble de croire à la métempsychose,
transfert d'une âme hélas ! vouéeà la douleur,
fantôme errant, navire honni, chassé du port,
être sans avenir, languissant et morose,
qui même est exilé du Repos dans la mort !

. . . .

Huit jours entre le ciel et l'eau ; huit longs jours sans
voir la terre ; aucune voile, aucune fumée de vapeur, aucun signe d'autre vie humaine que la nôtre. Les nerfs se
tendent, le caractère s'aigrit, prêt à éclater pour un rien
sous une explosion latente. Subitement, un léger point
apparaît sur les vagues, glissant, s'étendant sur elles, es-
camoté dans un creux d'écumes, pour bientôt s'élever,
sautiller dans le soleil et fuir à longues ailes éployées.
Chacun se précipite, fouille tous les plis de la mer et l'on

entend le long des lisses s'échanger les questions, les réponses : « C'est une mouette, un grand goéland, c'est un Fou. »

L'oiseau se rapproche, peu intimidé, très visible, puis il s'éloigne plongeant dans la lame à la quête des poissons. Ce qu'on voit de lui : des Ailes, rien que des Ailes, longues, immenses, une voilure de petite nacelle, un corps massif perdu pourtant au milieu de ces ailes, un bec pointu, très gros, très allongé ; nulle allure gracieuse, nulle couleur attirante. La force ici prime la grâce.

Quelle force, quelle résistance est en effet nécessaire à ce *fou* solitaire pour abandonner les solides appuis des rochers de la côte ou des Iles lointaines et passer ainsi des jours, des nuits entre ciel et eau, dormant sur l'eau, se jouant dans la tempête, heureux des courroux de la mer, seul à travers l'immensité, seul dans sa liberté. Ah ! oui, tu mérites ton nom de Fou, navigateur de l'air et du flot aux larges voiles, adorateur des dangers lointains ; l'Homme épris de l'esclavage doré du monde ne peut comprendre ta folie !

J'ai rencontré des fous à 7 ou 800 milles des terres ; on en a vu plus loin encore. Leur cri rappelle celui de l'oie et du cormoran ; ils appartiennent à un genre des Palmipèdes totipalmes et ressemblent aux Frégates, autre oiseau de mer à l'immense envergure d'ailes, d'où leur nom caractéristique ; mais la frégate vit plus près des côtes et, moins folle, ne s'aventure pas en randonnées si lointaines.

Océan Indien
Région des Calmes.   Mer de lait

Cette mer immense dont les limites échappent aux calculs occupe environ 550 millions d'hectares ; sa longueur approximative Nord-Sud est de 9600 kilomètres ;

sa largeur Est-Ouest, 8800 kilomètres — ses profondeurs varient beaucoup ; on avait parlé d'abîmes de 13,000 mètres, mais jusqu'à ce jour la plus forte dépression signalée ne dépasse pas 4000, dans le golfe de Bengale ; les Anglais appellent ce gouffre « the Great Swatch ».

L'Océan Indien est agité par une longue houle, même par temps calme ; quand règne la mousson de S.O. ses vagues sont démontées et de mouvements très irréguliers. Les eaux ont une teinte bleue intense et quand la mer est peu agitée, ce bleu est si transparent qu'il ne faut pas le regarder trop longtemps ; il donne le vertige. Phénomène bizarre cependant et difficile à expliquer, autour des Iles maldives, la coloration devient noire.

La mer des Indes est traversée presque dans son milieu par l'Equateur ; elle doit à ce privilège une région dite des Calmes. Je vais essayer d'en exposer les causes météorologiques pour les non initiés, car elles sont encore peu connues. De chaque côté de l'Equateur, c'est-à-dire dans l'hémisphère Nord et l'hémisphère Sud, soufflent des vents réguliers qu'on appelle moussons en Asie (en vieux français monson, anglais monsoon, de l'Indien et de l'Arabe mausim, période). Par suite de la rotation de la terre, le vent périodique de sud-ouest qui règne dans l'Océan Indien Nord d'Avril à Octobre se transforme en Sud Est dans la partie Sud du même Océan et souffle du mois d'Octobre à Avril, vrai système de bascule. Mais ces deux moussons ne se lèvent qu'à une distance de 3 à 4° de la ligne Equatoriale ou s'y arrêtent ; car il faut ajouter qu'elles sont curieusement contrebalancées par deux autres moussons, celle de N. Est (en hiver) dans l'hémisphère nord et celle de N. Ouest dans l'hémisphère Sud. Entre 4° hémisph. boréal et 4° hém. austral, soit sur une largeur de 8° (480 milles en distance), c'est la région des grands calmes. Il est probable que les courants inférieurs cèdent à l'échauffement extraordinaire de l'Equateur, n'agissant plus ainsi sur la surface immédiate de la mer.

La conclusion maritime de ce phénomène s'impose

tout naturellement : pour le voilier ou même le vapeur qui redoute la violence de la mousson, surtout celle de S. O., en remontant de Ceylan vers Aden, il est préférable de tirer une ligne de route brisée qu'une ligne droite.

C'est ce que nous fîmes en août 1880 ; partis de Colombo avec très mauvais temps, nous piquâmes au Sud-Ouest ; à peine dépassé la latitude de 5°, la mer tombe ; la brise se fait légère, exquise, mais si les lames n'écument plus brutalement, une longue houle nous roule tout doucement, en un rythme berceur. Ciel admirable de pureté, du soleil partout rendant l'eau presque argentée. On file avec une vitesse excellente et bientôt l'approche de l'Afrique nous oblige à remonter au N. O. pour rallier Guardafui ; à 5°, nous retrouvons le vent, mais il est favorable, en plein arrière, ce qui permet de nous garnir de toile et d'augmenter notre rapidité. A 9°, rencontre d'un trois mâts barque bien voilé qui marche bon train ; spectacle admirable ; on le fusille à coup de lorgnettes. Vers *Raz Hafoun*, le fallacieux Cap qui trompe tant de Capitaines et qui occasionna la perte du « Meïkong », nous sommes à l'abri de la terre. Une brume rose s'étend sur l'eau et la côte, chatoyante comme des ruissellements de grenats, des chapelets de rubis. Mais ce n'était qu'un lever de rideau précédant des beautés de nature plus ineffables, plus grandioses, d'un prodigieux idéal.

Le soir se fait avec une mer plate, recueillie ; le vent s'est tu. Un silence presque religieux ; et voilà que d'un seul coup l'immensité des flots, l'horizon, le ciel se fondent, se mélangent, s'évanouissent sous une nappe d'immaculée blancheur. Il est 9 h. 1/2. On se croirait en Sibérie au travers des steppes neigeuses ; le navire glisse sans plus de bruit qu'un traîneau, sensation très douce autant qu'effrayante, car les contes de fées jettent toujours un petit frisson par leur extraordinaire inconnu. Dans cette lumière laiteuse, sous ce manteau d'hermine, rien n'est plus fixé pour la vue et l'on ne perçoit même pas les étoiles au firmament.

Par prudence, le Commandant ralentit la marche et fit sonder les fonds ; on releva ainsi le mieux possible le voisinage de la terre Africaine qu'il était impossible de distinguer. Puis l'on repartit à plus rapide allure.

Je voulus faire une expérience et je lançai par la coupée un seau à la mer. L'eau retirée était phosphorescente ; des myriades d'étincelles, en fait, de corps lumineux, s'agitent et sautent sans perdre aucun éclat au contact de la lumière de notre batterie. Ces corps sont des infusoires, sortes de petits vers à l'aspect gélatineux ; ils ont l'épaisseur ténue d'un cheveu et une longueur de 1/5 de millimètre ; (1) ils semblent adhérer entre eux et comme en mer leur agglomération s'étend sur plusieurs lieues, cette scène unique de blancheur miroitante peut durer quelques heures. Nous faisons une autre épreuve en jetant de la poussière de charbon ; absolument comme sur de la neige, le charbon noircit la surface et la phosphorescence devient invisible jusqu'à ce que la poussière ait filtré la masse éclairante et descendu vers les fonds.

Vers 11 heures, la pâleur du ciel diminue ; les étoiles deviennent lucides sur un plan très noir, mais la ligne d'horizon reste brillante de lueurs laiteuses jusqu'à 7 ou 8° au dessus. Puis la mer passe de la coloration blanche unie à une simple marbrure phosphorescente tachée d'écumes jaunes ou de plaques violettes. La mer de lait a vécu !

Effet tout au moins curieux, sinon peu explicable de ce coup de théâtre hivernal : voici la brume qui se lève, une brume froide, presque glaciale mi-rosée, mi-grisâtre ; elle ne dure pas longtemps. La houle brusquement soulève la mer ; les côtes voisines s'estompent plus nettement, et nous pouvons reprendre notre marche normale, ne gardant comme souvenir du phénomène passé qu'un long sil-

____

(1) On en a mesuré, depuis mon expérience, qui atteignaient jusqu'à 0.05 centimètres et même plus.

lage d'argent suivant notre hélice, tel un onduleux et géant boa à cuirasse écaillée d'acier.

Le lendemain, nous doublons *Guardafui* qui menace les navires de ses falaises rouges ; nous laissons à tribord le beau rocher *d'Abdelkuri*, plus au large *Socotora*, et nous pénétrons dans le golfe d'Aden.

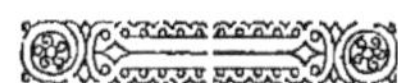

Cérémonies funèbres

De mon temps, la Cochinchine était très meurtrière, une vraie mangeuse d'hommes ; à chaque voyage de retour, on nous confiait le rapatriement de quelques malades trop gravement atteints pour attendre le Transport de l'Etat ; c'était pitié de recevoir ces malheureux intoxiqués par la dyssenterie, desséchés par l'anémie, moralement découragés. Certains d'entre eux, aussitôt en mer, fouettés par la brise vive et iodée, se rattachaient à l'espoir de vivre et de revoir le foyer de famille ; ils reprenaient de l'appétit et des couleurs. D'autres, au contraire, frappés par le mal dans leurs fibres vitales les plus profondes, languissaient et succombaient.

L'un d'eux, pauvre petit soldat de marine, attira ma compassion ; hâve, les joues terreuses, les yeux vagues, il traînait chaque matin ses jambes tremblantes jusque sous la passerelle, en un coin abrité, à peine ensoleillé et là, assis, courbé en deux, il attendait lamentablement le soir, pour toute nourriture absorbant deux ou trois tasses de lait.

Au milieu de l'Océan Indien, on vint me prévenir que le petit soldat avait été trouvé mort dans sa couchette, éteint sans se plaindre faute d'espérance, de lumière et de feu dans sa maigre lampe. Après les constatations de rigueur et l'inventaire des effets qui furent empaquetés et scellés du cachet du bord, l'acte de décès fut inscrit au Rôle et le Commandant décida l'immersion pour le soir même.

Dès midi, le cadavre avait été complètement déshabillé, lavé par l'infirmier et les camarades, ensuite confié à un matelot qui le cousut hermétiquement dans un sac. A cinq heures, les ordres sont donnés pour la cérémonie, émouvant épisode parmi tant d'autres de notre vie maritime. Le corps est apporté sur le pont, attaché sur une longue planche avec deux vieilles grilles de chaudière aux pieds, et le maître d'Equipage fait ouvrir la coupée du bordage à tribord avant. Le Commandant, accompagné de tous les officiers et de presque tous les passagers, s'approche du malheureux qu'on a momentanément recouvert du pavillon tricolore, ultime souvenir, derniers égards rendus par la nation au soldat qui meurt pour Elle, hélas ! si loin d'Elle. Un Capucin de passage vient dire les prières d'usage ; quel spectacle à cette heure que l'ensemble de ces têtes nues, de ces visages attristés et silencieux ; l'officier de quart lui même et les hommes de la passerelle qui dominent la lugubre scène mettent casquette et bérets bas, ainsi que les matelots groupés sur le gaillard.

Les prières terminées, le second Capitaine qui est de quart crie dans la machine l'ordre de stopper ; le beau navire, surpris dans sa course, marche un instant sur son erre et s'arrête enfin doucement dans un clapotis caressant des vagues ; le timonier de service à l'arrière met le pavillon en berne. Alors, minute angoissante, majestueuse malgré cet appareil de mort, le Maître donne son coup de sifflet ; deux hommes solides soulèvent la planche dont l'extrémité repose au ras de la coupée : le cadavre glisse et tombe à l'eau sans bruit. Presque toujours les corps s'enfoncent droit à pic et on ne les revoit plus ; cette fois, le pauvre immergé surnage et nous l'apercevons dans notre sillage pendant un quart d'heure environ. Aussi les femmes sont-elles impressionnées ; plusieurs sanglotent ; moi-même je suis serré au cœur.

La coupée est refermée ; le pavillon est amené après un dernier salut d'adieu ; la machine repart « en route » et chacun se retire en pensant au petit soldat qui ne reverra plus les siens, à la douleur future des parents frémissant de savoir leur enfant livré en pâture aux requins. Terrible mystère de la vie, lendemains énigmatiques, quel destin nous préparez-vous ?

Le jet à la mer des morts qu'on ne peut pas conserver ne prête pas toujours à des cérémonies de pareille grandeur. Lors d'une autre traversée où nous ramenions à Java une troupe de Mahométans Malais qui revenaient de la Mecque, un des pélerins, vieillard très âgé, blanc, décrépit, battait de l'aile depuis deux jours. Sentant sa dernière heure approcher, mais calme, heureux de mourir après avoir obtenu la Sainteté sur le tombeau du Prophète, il rassembla ses parents et amis sur le pont et leur dicta son testament ; c'est ce que m'expliqua un de ces passagers à qui, intrigué, je demandais la cause de cet original rassemblement. Dans la nuit, le Vénérable mourut. Avec l'assentiment de ses frères, on résolut de l'immerger au petit jour.

A 4 heures du matin, je fus à l'avant. Temps sombre, pluvieux, temps de deuil ; la mer très grosse embarquait à chaque moment ; le pont ruisselait d'eau et au roulis, des paquets d'écume jaillissaient d'un bord à l'autre. Sur le plancher, le vieux, nu, gisait, étalant sa misère physiologique de membres raidis où les os perçaient ; il se déplaçait et roulait comme un fétu de paille voltige au vent ; c'était hideux ! chose plus horrible, les matelots chargés de le laver le firent avec la lance à eau salée ; le cadavre sautait, se retournait, basculait sous le jet violent de la lance. Les Malais reprirent le corps une fois lavé et l'enveloppèrent d'un linceul d'étoffe blanche ; on ouvrit la coupée, on attacha au pied une grosse grille apportée en hâte de la chaufferie et sans honneur aucun, sans présence officielle des autorités du Bord, les matelots saisirent le Macchabée et le lancèrent... dans l'éternité. Je fus seul à le saluer d'un adieu en levant ma casquette.

Réveillon de Nouvel An

31 Décembre 1879

La mer est d'huile, disent nos matelots Provençaux ; un clair de lune magnifique baigne l'immensité du Ciel et de l'Océan, jouant dans nos agrès, argentant notre pont, y plaquant des ombres exquises. Sous les tentes arrière, passagers et officiers causent, fument, chantent, se promènent ou rêvent en attendant minuit. C'est la fin d'une année et chacun se prépare à fêter solennellement l'entrée prochaine de l'an nouveau 1880.

L'heure sonne ; dans la nuit blanche, les quatre coups traditionnels sont piqués par la cloche mélodieuse du gaillard qui répond à celle de la passerelle. Brouhaha, gros rires, empressements partout : on dévale dans le salon où la table est mise, toutes verrines allumées. Et le réveillon commence, agrémenté de dragées, gâteaux, pétillements de champagne, égayé par les discours parisiens de quelques fonctionnaires coloniaux, les speeches pleins d'humour des Anglais, les toasts aux dames, terminé par des shake-hands chaleureux. Il n'y a plus de nationalités ; la coupe en mains, tous les peuples sont devenus frères. A l'office, les garçons, maîtres d'hôtel, cambusiers, capitaines d'armes fraternisent en vidant les fonds de nos bouteilles et des assiettes de pâtisserie ; on les entend rire, trinquer, mais une fois n'est pas coutume et les officiers ferment cette nuit-là leurs yeux et leurs oreilles !

. . . .

Pendant que la vie, la jeunesse exultent ici sans penser au lendemain ni aux misères des autres, une cabine de l'entrepont offre un contraste saissant de douleur ; auprès de la couchette où son bébé se tord en convulsions féroces, une mère esseulée lutte contre la mort. Mais l'ange destructeur est passé ; à minuit, son aile sombre a frôlé l'enfant et maintenant il repose, calme, les traits détendus des derniers rictus du mal, dans un repos qui ne finira plus ; et la mère meurtrie s'affalant à genoux pleure. Bébé, pour toi, ce soir, il n'y a pas de réveillon ; dragées et gâteaux, il n'y en a plus pour toi ; tu ne connaîtras point l'an nouveau. Problème affolant : la mort n'est jamais si près de l'homme que lorsqu'il chante la vie !

Passagers professeurs

Herr Professor Fuchslein est un savant naturaliste ; il est Allemand de la vieille Prusse, a parcouru toutes les Universités et s'en va au Japon transmettre ses *immenses* connaissances scientifiques.

Grand, maigre, droit comme une perche, la tête effilée rappelant de façon vague l'animal rusé dont il porte le nom, cheveux plats d'une blondeur rouge ardente s'agitant en vagues irritées à la moindre brise, car son front génial ne peut supporter aucun couvre-chef ; yeux verts clignotant derrière les lunettes d'or obligatoires (on n'est pas savant sans lunettes) ; nez en lame de rasoir aiguisée de frais comme la tête ; barbe taillée en cône pour allonger un visage qui se pâme de longueur ; par curieuse contradiction, des joues roses féminines à rendre jalouses les plus tendres Gretchen : il marche avec la raideur automatique d'un fantassin à la parade en affectant de scander toujours le pas ; ses longues jambes s'entrecroisent à plaisir et ce manège guerrier le rehausse « colossalement » dans l'estime de ses compagnons germaniques de voyage.

Comme savant, il se fait légèrement pacifiste, bon garçon, contemple les étoiles d'un air inspiré, élève sa grande âme nébuleuse vers des hauteurs à nous inconnues et daigne nous exposer ses théories sur l'Absolu, l'Objectif et le Subjectif ; il ramasse des fleurs à brassées dans tous les ports, empaille des oiseaux et des serpents morts, étudie le caractère et les habitudes d'un iguane acheté à Point de Galle, dans l'ombre d'une cage à poules que nous avons bien voulu lui prêter. Note spéciale, semble très inféodé aux doctrines du transformisme ; cela se comprend, il descend de Maître Renard !

Quel dommage que ce philosophe éthéré, ce scientiste universel reprenne, en touchant terre, les préjugés vainqueurs de sa race ! Quand ses gros souliers crient sur le pont et scandent le pas à la Prussienne, il ne se gêne pas pour dire que les Français n'ont jamais eu de discipline, qu'ils ne savent pas la géographie et ne la sauront jamais et qu'en fait la France n'a jamais produit de vrais savants. Herr Professor, si l'on gratte ton enveloppe scientifique, on retrouve hélas ! la peau d'un vulgaire Allemand.

Autant les regards haineux du Germain, sa prétention conquérante, sa démarche de soudard choquent, froissent, prédisposent à la répulsion, autant l'attitude simple, réservée, le visage doux, la marche naturelle du professeur Français commandent la sympathie. La tête est un ovale parfait, le front large, dégarni de cheveux ; les yeux expriment la beauté et la bonté ; nez droit, joues rosées un peu pâles, et par dessus la barbe brune élégamment taillée s'entrouvre une bouche ravissante dont plus d'une passagère admira avec envie les dents blanches et régulières. Le reste du corps est peut-être moins favorisé, car le dos se courbe légèrement ; l'ensemble manque d'une certaine sûreté. Mais l'analyste revient vite à la tête, au port si noble, aux yeux, ce pur et sincère miroir de l'âme ; invinciblement, on reste charmé, poussé vers cet homme et l'on n'a point à se repentir.

Abordez-le franchement, entamez causerie. Ses lèvres

laissent couler le miel de l'Hymette ; sans recherche précieuse, ses expressions ont une originalité prenante. Il est spirituel, mais semble préférer les pensées profondes et graves ; il aime à se rendre compte de tout, discute la légalité, la justice de tout ce qui présente à son jugement un côté obscur ou vicieux (on n'est pas impunément professeur de Droit). Ce qui me plaisait, m'empoignait en lui surtout, c'était sous des dehors presque froids un enthousiasme juvénil, une passion quelquefois naïve dans sa subtilité pour les nouveautés qui lui étaient dévoilées, pour les grands spectacles de nature, pour les belles émotions du cœur et de l'âme.

Heureux de rencontrer des amitiés, il savait les cultiver ; son amabilité est exquise, ses prévenances féminines et la séparation, on le sent, lui cause de sincères regrets. Que de soirées languissantes à bord il m'a permis de doucement remplir ! Quelle intimité suave j'ai trouvée près de lui ! Par les nuits tropicales, nous murmurions de vieilles romances du pays, nous bavardions jusqu'à minuit poësie, lettres, théâtres ; aujourd'hui le thème se faisait sur la philosophie ou nous entamions une sérieuse polémique d'économie sociale ; demain il me racontera sa vie du Quartier Latin avec le sel attique devenu parisien, avec des nuances joyeuses mélangées de langueur. Indulgent pour tous, modeste dans ses larges connaissances, il est l'antipode humain du savant allemand.

Je ne lui reprochai qu'un défaut, celui de déclarer qu'il était blasé et insensible, incapable de créer une famille. J'en ris encore ; quand on a comme lui une âme fine et tendre, on mérite le bonheur, car on doit obtenir ce qu'on sait donner !

Une nuit d'angoisse à Périm

(Janvier 1880)

Retour en France. Nous partons d'Aden tout heureux ; temps superbe. Vers 7 heures du soir, nous apercevons le feu tournant de Périm et l'on s'apprête à passer par le chenal intérieur entre l'Ile et l'Arabie dont les fonds sont très sains quand brusquement tombe sur nous une brume épaisse, d'abord grise, puis rouge sombre, analogue aux nuages de sable que développe le simoun en plein désert. Minute terrible, plus de vue, plus de bruit, un silence de mort sur l'eau et dans l'air ; le phare de Périm a disparu et nous sommes entourés de roches ou de bas fonds. Sagement notre Capitaine recule ; il renonce au chenal intérieur et le navire fait une large courbe pour s'éloigner de Périm ; on passera à l'extérieur. Mais, faute de relèvements, la manœuvre devient difficile ; la machine marche à demi vitesse ; à chaque instant, coups de sonnette ; on crie au porte-voix ; on stoppe ; les sondeurs à leur poste lancent de temps en temps leurs plombs. Les passagers s'affolent déjà et tiennent entre eux des propos inquiets. Bien qu'énervé moi-même de cette scène angoissante, je m'empresse de rassurer les plus timorés ; j'ai gagné du sang-froid à la bonne école du voyage d'aller et j'en passe un peu à mes voisins.

Pendant deux heures qui durent des siècles, nous nous éloignons le plus possible de la côte d'Arabie ; l'horizon reste voilé d'un rouge sale accumulé entre mer et ciel. Bientôt, enfin ! à travers ces rougeurs brumeuses filtre une luisance vague ; la teinte rosoie, grisonne, et subite apparaît la lune. Un matelot envoyé sur la grand vergue de misaine signale des îlots au Nord de Périm ; sa voix qui descend des hauts, invisibles encore sur le pont, jette sur l'instant une impression sinistre. Quant à l'homme de tribord qui continue à sonder, attaché par le milieu du corps, roulant la corde et la faisant siffler, annonçant la touchée du fond, il garde à mes yeux la forme d'un bon géant, d'un héros, et n'était sa simplicité tranquille, en dépit des autres matelots de bordée qui trouvent son acte naturel, je serais prêt à applaudir. Grande et noble vie tout de même que celle du marin !

Portraits d'enfants

A bord, les enfants font office de baromètres ; s'ils demeurent cachés, enfouis dans leurs couchettes ou étendus lamentablement sur les banquettes du salon, c'est que le vent souffle dur, que la pluie cingle le pont ou que la mer embarque. Les voyez-vous grimper l'escalier, se précipiter le long des chaises de jonc, courir entre les jambes des passagers, s'annonçant par des cris joyeux d'oiseaux, c'est que le soleil a reparu, que la brise est molle et la mer adorablement bleue. Les nations se coudoient et s'attirent chez ces êtres mignons ; quelle que soit leur langue, ils se cherchent et s'entendent parfaitement au jeu ; la Tour de Babel ne devait contenir que des adultes, gens mûrs, grincheux et déjà moroses !

Que de types à étudier au milieu de ces petits joueurs ! Cheveux blonds, joues carminées, chevelures brunes, incarnations mates, yeux bleus rêveurs, regards noirs étincelants, mines sérieuses, lèvres sensuelles, tout est mélangé dans un seul rire, un seul élan quand les parents ont donné la permission de jouer. Classique cachette ; chasse au tigre, à l'éléphant, car le loup Européen est une « mazette » pour ces Bébés coloniaux ; essais et concours de grimaces où l'on se tire la langue « ravissamment », me dit une maman hollandaise, main chaude, etc., etc., voilà le bilan des réunions enfantines.

Mais tous ne jouent pas en société ; quelques-uns s'isolent ou restent près de leurs parents ; ils s'amusent cependant tout seuls. Prenez garde à ce futur ingénieur qui galope en mugissant et traînant une minuscule locomotive ; il vous écraserait... s'il le pouvait. Un jeune créole de Java a la « bosse » maritime ; il suit les matelots avec la fidélité d'un chien, scrute l'horizon et rien n'égale sa joie quand, dans son jargon malais si doux, il signale au loin un kapal api (bateau à vapeur). — Plus loin, scène très tendre ; contemplez ce joli et frais Baby qui surveille le sommeil de sa mère assoupie en sa chaise longue à l'heure brûlante de midi ; vêtu d'une fine mauresque blanche, presque nu, ses petons roses, ses bras potelés, ses yeux d'azur sont délicieux à croquer ; n'approchez pas surtout ; les mains étendues en avant, le regard courroucé, il fait signe à l'intrus de partir : vous allez réveiller sa maman ! Ce spectacle d'enfant menaçant émeut et l'on pardonne bien des erreurs, bien des folies à l'humanité, à la vie ses tristesses, ses fréquentes amertumes, pour la leçon d'amour filial que nous donne ce gardien de 5 ans.

Parlons un peu des fillettes ; leur allure diffère souvent des garçons ; point de hurlements, de sauts et de courses entortillées ; aucune ne s'écarte des girons maternels. Elles ont conquis à bord un coin privilégié, salon pour les poupées ; on minaude dans ce salon réservé, on s'y rend des visites, on habille, déshabille les figurines en pâte, en étoffe ou porcelaine, on discute chiffons et, chose merveilleuse, toutes les langues comprennent le langage de la coquetterie. Puis subitement la jolie bande met le grappin sur un Monsieur grave qui « sait des histoires » et ne dédaigne pas de les raconter aux enfants sages. Autour du conteur, recueillement parfait, silence religieux ; quelques sourires parlent aux lèvres quand l'histoire est gaie ; quelques beaux yeux se mouillent si le conte est triste ; à la fin, mille compliments et mercis au Monsieur grave avec extorsion de promesses pour de nouvelles séances ce soir ou demain !

Je n'oublierai pas le malheureux bébé qui rentre malade des Colonies, rongé par la fièvre ou l'anémie ; le pauvret n'a plus la force de jouer ; c'est à peine si de ses yeux demi vitreux il suit les amusements des autres ; alangui il reste des heures entières sur son petit fauteuil ou sur les genoux de son père lui-même malade et abominablement triste d'un précoce veuvage. Fils unique, orphelin, l'enfant n'a des regards que pour le père et le père ne vit que dans les yeux de son enfant. Quel amour paternel, presque sublime, chez cet homme frêle qui ne quittait pas un instant son petit anémié aux orbites creuses, aux joues grises, à la voix cassée ! Et que de fois, de grand cœur, chaque jour je lui répétais mes vœux de rétablissement pour ce petit être ! Je tremblais d'apprendre que le fil ténu auquel tenait cette vie ne se fût brisé dans la nuit, mais Dieu fut bon et quand les deux douloureux débarquèrent à Marseille, un grand pas était fait vers la guérison ; le Bébé avait commencé à jouer après Port-Saïd.

Et les enfants de couleur, demi sang, half cast ; encore un problème de joies et de tristesses ! à côté du Bébé Tonkinois arraché à sa mère, Congaï choisie, souvent aimée, puis répudiée au moment du retour en France par le fonctionnaire Colonial, à côté de cet enfant au minois caressant dont le père n'a pas pu se séparer, que d'autres ont été abandonnés ! Quelle angoissante blessure pour le cœur, aussi, que certaines séparations et certains rapprochements ! Un de nos passagers Anglais avait emmené en Europe sa fillette née d'une mousmé japonaise ; la petite, élevée, costumée, gâtée par les parents d'Angleterre, revint un jour avec son père à Yokohama. J'assistai à une scène vraiment déchirante ; la mère, déjà fanée comme les Orientales, en kimono national, monta à notre bord, mais au moment de la reconnaissance, bien que poussée par le père, l'enfant se recula comme prise de peur, comme devant un serpent. Conseils, menaces, douceurs, rien ne put la décider à se jeter dans les bras de sa mère ; la malheureuse femme rejoignit son sampan tout en larmes.

Quant aux petits indigènes, la race blanche les mettait à l'index ; ils se cachaient dans leur coin, placides, accrochés aux habits de leurs parents ; et pourtant quelles têtes expressives, vivantes chez quelques-uns ! Depuis l'Indien au mignon corps d'ébène dont le nu perce sous le pagne rouge, le Chinois rutilant de soie, portant au front une couronnette de pompons et de médailles dorées, le Malais aux pommettes saillantes, à l'œil fatal, injecté de sang, jusqu'au Japonais à mouvements de poupées, aux fines Arabes café au lait ! Dégagé des méchants préjugés de race, il m'arriva souvent d'essayer d'attirer à moi ces embryons exotiques par des sourires, quelques dragées et des phrases appropriées à leur langue enfantine. Efforts perdus ! Cette enfance défiante se repliait, m'échappait, restait muette.

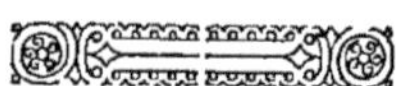

De Naples au Cap Corse
(Retour en France)

La traversée de l'Italie au Cap Corse par ciel et mer bleus est une page de vie idéale ; on ne saurait trop en décrire les beautés. *Ischia*, île volcanique à formes hérissées, à rochers de rive diaboliques ; le Golfe de *Gaëte* dont les contours moëlleux paraissent écrasés sous les crêtes souvent neigeuses de hautes montagnes ; l'îlot de *Ponza* et le *Cap Circeo* qu'on a en même temps par le travers ; enfin, le large, teinté d'or, teinté d'azur. Cinq heures après, nous passons en face de *Civita Vecchia* et notre navire entre dans l'archipel aux tons rouges cru de fer oxydé dont toutes les îles font tache de sang sur la mer : c'est *Giglio* de lignes voluptueuses allongées, *Montechristo* poëtisé par ce charmeur extraordinaire, Alexandre Dumas ; *Formica* posée, ainsi que le dessine son nom, en fourmi noire sur l'écume blanche qui la bat ; *Pianosa*, plateau curieux, table installée sur l'eau où les Italiens entretiennent un pénitencier ; puis l'île d'*Elbe* plus rouge, plus sanglante encore que les autres dans sa musculature athlétique, adoucie à l'intérieur dans ses tons puissants par une couleur exquise de vallées verdoyantes. Adieu maintenant à l'Italie dont la côte lointaine de plus en plus basse finit par s'effacer et Vivat pour la *Corse* qui dresse à bâbord ses splendeurs montagneuses.

Vieille Cyrnos, que tu es jeune et belle pour nos yeux en ta parure de pics bizarres, de neiges si brillantes, de nobles promontoires et de sombres pinèdes. Pourquoi tant de magnificences sont-elles encore indévoilées aux continentaux, à peine connues de tes habitants ? Contemplée de la mer, ta Beauté s'étale dans toute sa merveilleuse synthèse.

Un des joyaux de cette parure précieuse est sans contredit *le Cap*. Si le long de la presqu'ile entre Bastia et le Golfe de St-Florent une corniche admirable révèle des coins de montagne, de rivage à la mobilité de teintes et de structures les plus exquises, aperçues du large, la côte et les grandes pointes du nord offrent un ensemble de fortes et larges lignes, une note presque sévère de couleurs fondues où s'accentue surtout vigoureusement la séparation du rose terrestre avec le bleu intense marin. Et quand on double *Giraglia*, son phare blanc et sa tour antique très noire, par dessus les derniers contreforts aux ravinements escarpés, on voit s'élever vers le ciel, dans un vague violet très doux, la haute chaîne, ossature solide de ce corps pétrifié depuis des siècles, épine dorsale gigantesque de la Corse qui se développe vers le sud en vertèbres réguliers, cou altier de ce tronc granitique dont la ceinture de flots argentés se serre à Bonifacio. Et l'on contemple, et l'on admire ; on se grise.

La coupe, hélas ! est trop vite absorbée ; notre paquebot qui sent la France ne veut pas modérer sa course ; il passe le soir devant toutes ces merveilles et pour accroître nos regrets, jaloux des joliesses de la terre, le soleil couchant se met en frais de multiflammés jeux de lumière ; il coquette avec les roches comme avec les écumes méditerranéennes. Sur l'eau, c'est la même joie ; barquettes blanches rentrant prestement au port, sardiniers préparant leur pêche de nuit, marsouins énormes réunis en bandes qui lutinent, courent, plongent, se recourbent avec force jets de perles humides par leurs évents cascadeurs, une vraie kermesse maritime où des chevaux féeriques font tourner les vire-vire. Le ronron de notre hélice ne les effarouche point ; les ébats continuent et l'on dirait presque que ces gros gamins au cuir lustré s'efforcent de danser davantage pour nous offrir la comédie ; on leur crierait volontiers « bis », tant il mettent de brio dans leurs exercices.

Bientôt le feu de la *Giraglia* s'allume, perce le demi jour ; le Cap et l'arrière plan des montagnes s'évaporent, se fondant avec le ciel en gaze mauve très pure. La nuit ruisselle d'étoiles. Demain, ô bonheur !, nous verrons les grandes Alpes, les rives blanches Provençales, la belle terre de France ; nous longerons les calanques et les pointes déchiquetées, les îlots bijoux qui forment sentinelles avancées de la Baie de Marseille ; nous rentrerons au Port.

L'Infirmier

Il n'est ni homme ni femme, disent les Mathurins, ni chair, ni poisson, ni matelot, ni chauffeur, ni garçon ; il porte un costume mixte et quand il est à terre, s'intitule navigateur. Neuf fois sur dix, l'infirmier n'a aucune spécialité ; il ne sort pas d'une pharmacie, n'a jamais servi dans un hôpital, mais il possède un talisman sérieux : la vocation.

Petit bonhomme, maladif, légèrement prétentieux, il commence par se soigner lui-même, mais après, il se dévoue avec la plus belle simplicité. C'est un second Docteur, quelquefois supérieur au titulaire, toujours expéditif et débrouillard. Il faut le voir dans l'exercice de ses fonctions, à la visite du matin ; les matelots qui le blaguent dans la journée « filent doux » devant lui à l'heure des pansages ou de la distribution des drogues ; il le comprend et pontifie.

La grande vanité de l'infirmier, c'est l'ordre de sa

pharmacie dont généralement il détient la clef ; tout y est classé, étiqueté admirablement ; les casiers d'acajou brillent de reflets métalliques ; la table de préparation resplendit.

Note particulière : cumule souvent l'emploi de coiffeur, soigne cheveux, barbes, en même temps que les autres parties du corps humain. Quand il parle d'un malade, d'une consultation, d'un pansement effectué, il dit : Nous (lui et le patron), car le médecin du Bord ne sait opérer que du bras gauche ; l'infirmier est son bras droit.

Vents et typhons

Le vent est l'ami ou l'ennemi de la Mer ; tantôt il la caresse, la lutine comme une amoureuse, il fait miroiter, chatoyer les soies de sa robe, la pare de bijoux précieux où les ors, les argents bataillent de couleurs avec les améthystes, rubis et lazulites ; tantôt il s'irrite contre elle, la bouscule, la frappe à coups redoublés et la fait hurler de douleur. Mais câlinée ou battue, la Grande Bleue reste immuablement belle.

Le vent est capricieux plus encore qu'une jeune femme ; il change d'allure chaque jour, quelquefois varie dans la même journée. Brise de terre ; brise de mer ; vent modéré marchant à deux mètres la seconde ; vent frais atteignant ses dix mètres ; vent fort, ou grand frais des marins, qui se précipite à une vitesse de 20 mètres ; on le voit dans ses accès de colère « tempêter » avec une rage folle de 25 à 30 mètres par seconde et « ouraganer » jusqu'à la furie de 40 mètres. C'est que, sur la plaine liquide, rien ne l'arrête ; sur terre, heurté, meurtri par les montagnes et les forêts, sa course moyenne ne dépasse guère 5 à 6 mètres.

Les navires en mer souffraient beaucoup jadis de ces caprices du vent ; à leur merci se trouvaient les voiliers. Avec la vapeur, on apprit à négliger et mépriser les vents, mais l'on doit encore souvent en tenir compte, de mon temps, quand on se servait des voilures d'appui, des focs, trinquettes et brigantines, aujourd'hui, pour éviter les gros coups de mer.

Les vents les plus dangereux, vents tournants, cyclones et typhons, sont le résultat du choc de deux moussons, grandes brises périodiques. Le typhon (taï foon en chinois) se spécialise dans les mers de Chine hémisphère Nord, tandis que le cyclone fait ses ravages dans l'hémisphère Sud. C'est le premier de ces météores que j'ai pu étudier de près. En Asie, la mousson de S. O. qui bat son plein vers le mois de Juin commence à faiblir en Août et s'éteint en Septembre ; la mousson de N. E. la remplace et débute généralement en Octobre ; *normalement* il devrait y avoir un mois de répit entre les deux moussons, mais ce mois est à surveiller comme le chat qui dort ; il réserve de terribles surprises.

J'ai constaté un phénomène intéressant, c'est que la mousson de Nord-Est s'établit d'abord très fortement dans le Nord vers le Japon et le golfe du Péchili, puis elle s'avance progressivement au sud et souffle avec violence jusque près de Singapore en Novembre et Décembre. La mousson de surroi fait l'évolution contraire ; elle recule progressivement et c'est au point de contact d'un retour subit de S. O. avec une avance prématurée de N. E. qu'éclate le typhon. En thèse régulière, ces météores doivent prendre naissance en Août dans les mers septentrionales de Chine, en septembre vers Hongkong et Manille, en Octobre et quelquefois Novembre sur les côtes de Cochinchine ; il y a cependant des exceptions à la règle, très rares d'ailleurs.

La vitesse de translation d'un typhon est petite, comparée à la vitesse de rotation ; au début, la marche se limite à 4 ou 5 milles à l'heure, puis elle s'accélère jusqu'à ce que le météore se brise sur les côtes de Chine et dans les terres toujours à l'ouest. Le diamètre de la giration (un ovale parabolique) varie de 3 à 400 milles sur une longueur de 8 à 900 milles, selon le point de départ ; le typhon tourne dans la direction contraire des aiguilles d'une montre, tandis que le cyclone austral tourne dans la direction normale.

Quand un navire, surpris par un typhon, a bien déterminé sa marche, il doit manœuvrer de façon : *1°* à s'éloigner du centre et pour cela à recevoir le vent debout (le vent arrière jette droit au centre où l'on est « mangé » de toutes parts par la mer soulevée), *2°* à sortir de la parabole ou, si les nécessités de la route l'exigent, à la côtoyer, la contourner le plus loin possible de la ligne centrale.

Voici la description technique d'un typhon régulier, conforme aux données scientifiques, que nous supportâmes en rade de Hongkong à bord du « Menzaleh » (Août 1881) :

Après une journée étouffante (baromètre 762), le vent se lève le 21 au matin, assez frais du Nord-Est ; petites rafales. Bar. 760. A midi, ces rafales augmentent d'intensité jusqu'à 6 heures du soir. Ciel légèrement couvert : soleil masqué par intervalles. Bar. 758. A 6 h. 1/2 du soir accalmie, mais le baromètre baisse toujours, mer houleuse. Les sampans, chalands, canonnières s'enfuient à l'abri de Kowloon ; en dehors des grands navires, la rade est déserte ; les quais de la ville se vident ; l'on aperçoit encore un groupe de sampaniers autour de la maison du Harbour Master (1). Imprudents qui ne se sont pas décidés à partir et consultent le baromètre ; tout à l'heure il sera trop tard !

A 7 heures, la boule noire, signe officiel de l'arrivée du typhon, monte à la pointe du mât de la Capitainerie ; un coup de canon complète ce signal ; l'ouragan s'approche, venant de Manille. Bar. 754. Les derniers bateliers réfractaires fuient vers la passe Nord. Toute la nuit, pluie fine et violentes saccades de vent. Bar. 753. Nous mouillons deux ancres supplémentaires en sus de la chaîne du coffre

____

(1) Capitaine du Port.

et l'on allume les feux de la machine (excellente précaution pour parer à la rupture des chaînes et soulager le raidissement des ancres). Tentes et tauds sontserrés, panneaux condamnés, capots de claires voies partout ajustés. L'air se rafraîchit.

Le 22 au matin, c'est la tempête ; le vent souffle à 30 mètres par seconde. Bar. 749. La rade est horriblement belle ; la mer écume, déferle, hurle sur les quais qui disparaissent sous les embruns ; la Ville et le Pic semblent noyés dans une immense brume grise, submergés par des amas de fumées qui courent çà et là pourchassées, rabattues ou rejetées au ciel ; l'eau remuée auprès de nous devient jaune sale ; des colonnes humides verticales ou des risées horizontales se dispersent sur les vagues en poussière aiguë avec des claquements de fouet stridents, mais grâce aux mesures prises, notre bon « Menzaleh » ne fatigue pas trop. Pluie dure, piquante, lançant obliquement des pelotes d'aiguilles ; ciel noir roulant de gros et sinistres nuages. Au milieu des rares minutes de calme, un silence de mort ; on dirait que tout est fini et que la nature ne se réveillera plus. Bar. 746, à 10 heures du matin. Le typhon augmente en son paroxysme de rage ; la pluie, épouvantable, coupe le visage quand on se hasarde sur le pont.

A midi, le vent tourne à l'est, plus violent que jamais ; le centre du météore se rapproche. 2 heures soir, bar. 744. — 3 h. 1/2 soir, *maximum* de l'ouragan ; les rafales passent à 40 mètres la seconde. Bar. 741. mer terrible. Hongkong ne se voit plus sous les paquets d'écume. 5 heures soir, le vent mollit. Bar. 742. Fin du météore.

A 6 heures le baromètre remonte à 745 ; des bouffées d'air chaud filtrent à travers la pluie. Quelques éclairs ; bon signe, car le proverbe chinois est vrai: « Quand il tonne, le typhon meurt ». Le vent hâle du N. E. au S. E ; la vitesse des rafales diminue, mais les ondées persistent ; le ciel se dégorge « à pleins seaux » . 7 heures, soir, bar. 746. — 8 heures 748. La pluie s'adoucit. A 9 heures, calme plat ; on sort d'un mauvais rêve.

Quarantaine au Frioul

(Mai 1884)

Lors de notre passage retour en France, le choléra
sévissait durement à Saïgon ; nos patentes n'étant pas
nettes, les autorités de tous les ports nous regardèrent de
mauvais œil et nous mirent en observation. Depuis Aden,
impossible de descendre à terre, punition d'autant plus
pénible que je me réjouissais de revoir des coins intéressants après une absence de plus de trois ans ; chose dé-
fendue est d'ailleurs toujours ardemment convoitée. L'é-
tat sanitaire à bord resta parfait, mais Suez, le Canal,
Port-Saïd et Naples nous traitèrent néammoins comme
des pestiférés.

Nous voici dans le golfe de Marseille au petit jour ;
l'aube mérite les compliments des poëtes ; ses doigts de
rose embellissent l'horizon et nous montrent aimablement
l'antique Phocée nimbée de couleurs tendres. Quelle tentation ! Là encore, nos lèvres ne peuvent goûter à la coupe cristalline et les doigts de rose nous envoient un bai-
ser de loin, fuyant à la vue du pavillon jaune que nous
venons de hisser. Nous recevons l'ordre d'entrer au Frioul
pour y purger une quarantaine.

La longue île aux rochers marmoréens s'entr'ouvre
devant notre paquebot ; un soleil éclatant illumine tous
ses recoins sauvages. Un petit hâvre silencieux, des quais
presque déserts ; sur la hauteur, quelques fortins qui se
donnent un air sourcilleux ; en face, l'hôtel de la Quarantaine et les bâtiments du Lazaret aux volets lugubrement
clos.

Les passagers et l'équipage « groument », c'est naturel ; bientôt on se fait à cette obligatoire prison et l'on
prend le destin à rebours, avec patience et gaieté. Après
le premier déjeûner, chacun file à terre : ah ! que c'est bon
de sentir le plancher solide du sol de la vieille patrie !

Quel plaisir enfantin à toucher la pierre, à faire craquer sous sa botte de véritables graviers ! On s'éparpille selon ses goûts et ses sympathies : les hommes graves devisent en fumant des londrès à l'extrémité du musoir ; ici se prépare une bataille de boules avec le concours de l'aimable tenancier de l'hôtel ; la lutte devient chaude, bruyante, tellement que les plus enragés se débalent de leurs chapeaux et de leurs vestons ; scène pittoresque de mouvements joyeux, de teints rougeauds, de tonitruantes exclamations ! Plus loin, autre tableautin charmant : on pêche des oursins, des moules ; ces Dames ont légèrement retroussé leurs robes de cérémonie et ne redoutent point d'exhiber des jupons « sensationnels parfois », des bottines très fines qu'elles trempent inconsciemment dans l'eau ; les petits cris aigus, les chansons, les appels gouailleurs s'accentuent. Décidément, la Santé, en nous incarcérant, a voulu nous amuser ! L'après-midi, sous un ciel bleu que remplit le soleil de Provence déjà brûlant, une bande d'assoiffés envahit l'hôtel ; on installe au dehors, du côté d'où vient la brise, quelques tables oscillantes ; la limonade pétille ; la bière Velten mousse dans les verres et l'on attend ainsi que la clochette du bord nous rappelle au souper.

Le Capitaine du Lazaret, vieux marin à la face souriante, passe enfin notre visite : il daigne nous reconnaître à tous excellente mine, télégraphie, et le lendemain nous rend notre liberté. Adieu Frioul ! Bonjour Marseille !

Marseille-Alger et retour

(Avril 1906)

Voir la Chine et ses pays charmants, c'est bien, mais traverser la mer pour rendre visite en Afrique à un pays Français, c'est mieux. Je pris donc passage sur le « Duc de Bragance » de la Compagnie Transatlantique pour revoir les côtes algériennes.

Vacances de Pâques : le navire est bondé de monde.
Sur le pont supérieur, on se coudoie, on se cogne tout en
braquant les lorgnettes, installant les pliants des dames
et saluant les amis. Bientôt nous évoluons à travers les
chalands de la Joliette, sous les pointues étraves des grands
paquebots des messageries ; nous doublons le phare. La
brise est fraîche, l'air très salé, l'eau clapotante ; le navire prend son vol comme un oiseau et pique droit au sud.

A 2 heures, Marseille disparaît dans le vague, derrière
les immenses barrières blanches de Montredon et les îles
qui gardent son entrée en sentinelles perdues. Vers 3 heures, la mer se colore d'indigo profond ; quelques amas de
nuages gris envahissent le ciel et en troublent la sérénité.
La houle grossit ; un léger roulis nous balance, s'accen-
tuant en face des Baléares que nous croisons vers 9 h.
1/2 du soir.

Après une nuit excellente, je saute de ma couchette
vers 5 heures du matin. Vue admirable : sur une nappe
liquide moirée, mi-grise, mi-bleue, d'une teinte fondue
très tendre, à travers un ciel laiteux, plein de rêve, au
milieu d'un silence d'église, plane encore une lune superbe ; peu à peu son orbite diminue s'inclinant vers les eaux ;
ce n'est plus la grande splendeur vespérale, mais l'astre
en un large scintillement argenté imprègne la masse des
choses d'une telle blancheur que même les écumettes des
vagues ne se reconnaissent plus. L'heure avance ; le blanc
commence à rosoyer, puis à se convertir en tons orangés,
car le soleil monte à l'Orient ramenant avec lui les grands
bleus de la mer et du ciel. Au-dessus de ma tête, sur le
pont, passent et repassent les cadences des matelots qui
font la toilette d'arrosage.

A 7 heures, ce travail fini, j'escalade pour aller respirer l'air vif ; la mer est tapageuse, mais belle ; le bâtiment
fait de la vitesse. A 9 heures, les passagers affluent ; la
gaieté pétille, les conversations vont leur train et le commandant, coq de ce village, vient y faire la roue.

Petit, bedonnant, la moustache rousse, cheveux gri-

sonnants, teint de brique, le bon capitaine aime la glo-
riole et la fanfare ; il se démène dans les groupes, très exu-
bérant, raconte de vieilles histoires du métier, plonge devant les personnages recommandés ; sous une apparence
de bonhomie, il ne peut cacher sa vanité de Corse arri-
viste et arrivé. Autre type bien curieux, le docteur : un
enfant souffreteux, maigre, poussé en asperge, vieux avant
l'âge ; collez sur son visage torturé une moustache cirée,
relevée en crocs à la Guillaume II, suintant le cosmétique,
ornez d'un monocle doré ses yeux gris hagards, garnissez
son bras de brochures, plaquez sur une poitrine plate un
régime de petites croix et médailles, imaginez-vous un
fantôme vivant qui court, babille, papillonne, et vous aurez la photographie exacte de cet Esculape maritime. —
Citons aussi le second capitaine, affublé d'une large casquette à la Russe, cheveux de cabotin, l'œil morne, les
mains dans les poches, sorte de philosophe indifférent.
Et les voyageurs : beaucoup de journalistes, autour de
qui l'on s'empresse, puissances du quatrième Etat ; parmi
eux un éloquent parleur, Toulousain transplanté à Paris,
ancien membre de l'Université, qui joue au bon enfant,
mais jette à tous instants de véhémentes apostrophes contre les préjugés, les vieilles chansons ; quand il sent auprès de lui un entourage nombreux et attentif, il répète
les théories de *son* journal et fait remarquer « son courage » à les défendre. Certes, cet héroïque lutteur n'est
point timide, surtout vis-à-vis des dames ; la diatribe ne
tue pas sa galanterie ! — Plus calme, un Ingénieur de
l'Etat fin et distingué, barbe blanche de fleuve, écoute et
ne dit rien ; même silence prudent chez plusieurs professeurs panachés de rubans violets. Ici recrudescence de
verbes hauts ; ce sont des Germains au regard fuyant, à
la démarche affectée et ridicule ; ils vont à l'étude et à la
conquête future de notre Algérie. Par contre, une petite
colonie d'officiers en civil attire le respect et la sympathie
par leur tenue réservée, leur attitude simple et digne.
N'oublions pas les amoureux qui s'isolent, se pressent la

taille derrière les manches à air et se murmurent des mots exquis en contemplant cette union colossale du ciel et de l'eau qui les éloigne du « terre à terre » ; un essaim de lycéens imberbes, poseurs, récitant des bribes de problèmes, étalant une science maigrement mûrie, dissertant sur la politique du jour, sur l'idéal, sur la femme, avec une audace à faire rire ou frémir ! — Quelques Anglais impassibles, fumant des embryons de pipes ; un Monsieur inconnu, grincheux, qui se lève brusquement et interpelle le vieil Ingénieur parce qu'il a frôlé sa chaise : «Tâchez d'être poli, autrement vous aurez affaire à *moi*. » Qui est-il, ce Moi pour être tant agressif ? On en hausse les épaules de pitié. — L'élément féminin cause peu ; ces Dames se laissent dorloter ; le roulis leur a coupé la parole, mais non le sourire qui demeure gracieux. Vive la Française pour cette grâce que rien ne détruit.

On sonne le déjeûner ; puis on réapparaît sur le pont. Il y a du nouveau dans l'air ; chacun est agité ; les yeux clignent vers le sud comme le fer glisse vers l'aimant. Course à bâbord ; désillusion : rien qu'un passage de marsouins « aux replis de corps onduleux ». A 1 heure, sur tribord, un vapeur en vue. A 2 heures, les lunettes deviennent de plus en plus inquiètes ; *la Terre.* Quel cri joyeux ! marins ou passagers, si amoureux soient-il de la grande bleue, sont encore davantage férus d'amour pour les rivages solides et immobiles. Cette terre que nous voyons est une seconde France, patrie de nos guerriers, de nos souvenirs militaires les plus purs, de nos colons et de leurs vaillants efforts de cultivateurs. Nous saluons avec une joyeuse fierté cette ligne blanche neigeuse qui émerge lentement dans le ciel, *l'Atlas* aux formes puissantes ; puis montent des lignes plus noires, plus violettes aux dessins vallonnés ; surgit enfin la côte, démarcation réelle de la méditerranée et du continent Africain avec ses pointes rocheuses, ses plages et ses baies miroitant dans le soleil. A chaque moment, les détails grossissent, s'accumulent ; la mer modifie ses teintes ; les indigos foncés s'attendrissent en couleurs glauques pour se transformer en verts presque diaphanes. La houle tombe ; un beau lac où nous donnons toute notre vitesse précède *Alger* qui soudain dévoile sa majestueuse et orientale beauté sortant comme par magie de la brume rosée qui la cachait. Comment décrire cet inoubliable spectacle, ces arcades en étage, les hautes maisons qui les dominent, le quartier Arabe et la Kasbah à l'arrière plan, en carrés de pierres peints de blanc ou de bleu clair grimpant les uns sur les autres, les minarets, la grande mosquée, au loin à l'ouest la Cathédrale Byzantine, Notre-Dame d'Afrique par dessus le quartier St-Eugène, et de l'autre versant, Mustapha, ses coquettes villas, pointant dans la verdure, ses bouquets d'arbres arrondissant le sommet des collines ; au dessous, le port marchand, la gare, la vie moderne des navires, des mahonnes, des remorqueurs où des wagons.

Le pilote arrive ; on ralentit la marche ; à 4 h. 1/2, nous accostons.

. . . .

Les yeux et l'âme bourrés de souvenirs précieux, je reprends à regret le chemin de la métropole. Cette fois, le « Général Chanzy » est chargé de mon retour. A midi je suis à bord, traversant à grand' peine une foule de curieux multicolores où les chechias se mélangent aux chapeaux de paille, les burnous crasseux coudoient les redingotes et les rutilants uniformes ; un beau soleil intensifie ce tableau de vitale animation. La mer semble calme, mais la perfide nous réserve une de ses vilaines boutades à la sortie du port. Vers 3 heures, le vent fraîchit ; les vagues méditerranéennes, courtes, dures, lancinantes nous assaillent et le navire joue de l'escarpolette. Le soir, le pont est inabordable, par suite des embruns qui fouettent et du tangage qui casse les jambes.

La tête me tourne et je dois me coucher ; trois dans une cabine de première, sans air ; la nuit ne fut pas gaie. Au matin, la mer est toujours mauvaise et le vent redouble ; on met le cap sur l'Espagne pour rejoindre la côte de France avec une allure plus maniable, mais s'il fait délicieux en haut à respirer la large brise, les mouvements saccadés du bateau ne développent pas l'appétit et je n'ose pas me hasarder au déjeûner ; je fais de la gymnastique en arpentant le pont comme un ours encagé, presque seul ; les rares vaillants qui me tiennent compagnie font aussi triste mine.

Enfin, vers 2 heures, la brise mollit ; on remet en route droit sur Marseille. Bientôt la terre est en vue ; à 3 h. 1/2, *Planier* pointe hors de l'eau, haute et blanche colonne ; *Maïré*, *Riou* apparaissent ; derrière, les collines provençales, longues dentelles bordées de bleu. A 4 heures, *Marseille* dessine ses nobles lignes ; N. D. de la Garde, la Cathédrale, le Palais Longchamp s'enlèvent au milieu des amas de maisons étagées. Voici le Château d'If, le Pharo, et majestueusement le Général Chanzy pénètre dans la Joliette.

Sonnet amical pour mon départ

(*Octobre 1880*)

Xavier Maunier, mon collègue du Portique, le poëte humoriste qui a si souvent déridé les lecteurs du « Bavard » et du « Petit Marseillais », a bien voulu tracer quelques vers lors de mon départ pour une station triennale au Japon ; le talent de Maunier vise surtout le mot de la fin ; on en jugera par la copie de son Sonnet :

> Vers les pays bleus de la Chine,
> Assis, là-bas, au bout de l'eau
> Qu'à son joug soumet la machine
> Vomissante du paquebot,

Vous fuyez. L'horizon est beau,
Le temps sûr et la mer féline
Vient lécher du paisible flot
La nef qui doucement s'incline.

Mais, tandis que vous les quittez
Pour trois hivers et trois étés,
Croyez qu'en leurs vives attaches

Vos amis anciens et nouveaux,
Restés sur le plancher des vaches,
Vous pleurerez comme des veaux !

Un peu de linguistique

La mer, cette masse liquide si impressionnante dans ses tableaux de couleurs diverses, de calme ou de fureur, d'immensité surtout, a toujours frappé l'imagination des hommes ; tous les peuples anciens qui l'ont vue de près, ont habité ses rivages, ou vivant loin d'elle, qui ont questionné les étrangers voyageurs, attachaient à l'entité de mer une signification de grandeur, d'isolement désertique, de chemin, réceptacle des eaux, origine de tempêtes et de bruit, etc., etc.

Nos langues Indo-Européennes, à l'exception du Grec, ont perpétué la racine sanscrite mr, mir, mar ; nous relevons en effet :

Français, mer. — *Italien* et *Latin*, mare. — *Espagnol*, mar. — *Celtique, Armoricain, Kimri*, môr, myr. — *Irlandais*, muir. — *Gothique, vieil Allemand, Scandinave*, marei, mari, mar, merei, mere. — *Lithuanien*, marès. — *Slave* et *Russe*, moru, more. — *Polonais*, morze. — *Illyrien*, morra. — *Anglais*, moor (dans le sens de marais, désert marécageux). — *Hollandais*, moer, (marais). —

Sanscrit, mira, etc., etc.. Le sanscrit Mira, mer ou maru, désert, exprime l'idée d'une étendue immense, déserte, perdue, semblant morte puisqu'elle est incultivée et inhabitée, ce qui permet, comme l'explique Adolphe Pictet dans son admirable ouvrage sur les « Origines Indo-Européennes » (Paris 1877), de fixer la racine première dans *Mr*, mourir, ce qui meurt. Les Latins avaient certainement la conscience de cette sensation linguistique qui leur venait des Aryens, car ils ajoutaient fréquemment le mot « vastum » à celui de « mare » ; *vastum* possédait primitivement l'acception de stérile, désert, isolé, ruiné, qui s'est conservée dans notre verbe « dévaster » et les langues Anglo-Germaniques l'ont maintenu dans le waste anglais, vast, voest, scandinave.

L'Anglais moderne *Sea*, l'Allemand *Sec*, le Hollandais *Zee*, expriment l'idée d'eau, de masse liquide (sanscrit sava, eau ; Gothique saivs; Anglo-Saxon scvve, seo, Scand, sior, mer, lac, étang).

Le Grec *Thalassé, Thalassa, Thalassos*, rappelle l'agitation, le tremblement, le fracas des flots de la mer, par le verbe tarassô et la racine tar, organe du grand bruit (tarann, le tonnerre, tar celtique, bruyant, tarala sanscrit, tremblant, taranga, vague, etc., etc. Par contre le grec *Pontos* (Pont Euxin) répond au sanscrit pantha, route, chemin.

Citons enfin les principales désignations de la mer en Orient et Extrême-Orient :

Arabe, Bahr, Bahar — *Turc*, Denghis, Denhis — *Turc Mongol*, Kul, Kal — *Mongol*, Noor — *Malais*, Laut, lautan. — *Cingalais*, Muhuda — *Chinois*, Yang (Hoang Yang, mer Jaune) ou Haï, Hoï (Pak hoï, blanche mer, Haï nan, au sud de la mer, mer du Sud) — *Japonais*, Umi, Kaï, Nada (Umi s'applique surtout à l'Océan, Nada aux mers intérieures, Suwo Nada, Harima Nada etc., etc.) — En général, tous les termes relatifs à la mer désignent aussi les Grands Lacs et même les grands étangs d'eau salée ou d'eau douce.

Sur la route de Marseille au Japon, voici les principaux vocables maritimes qui intéressent le navigateur :

Cap. Le Cap Sicié. Le Cap Corse. Capo Minerva, Vaticano, Spartivento. Pointe du Faro (phare). Cap Krio (Candie). — En mer Rouge, les Raz ou Rass, Raz Mohamed ; dans le golfe d'Aden et océan Indien, Raz Salil, Ras Sincilla, Ras Asseïr, Raz Hafonn, etc. ; Cape Comorin, Point de Galle ; les Tanjong du canal de Sumatra ; Bluff Head, Tylong Head (Hong Kong). — Yangtsi Cape. Au Japon, les Saki, Misaki, Miné (Satano misaki, Naga Saki (la longue pointe) etc., etc.

Détroit. Les bouches de Bonifacio. Détroit ou Canal de Messine. Détroit ou Boghaz de Bab el Mandeb (porte de la mort). Strait of Malacca. — Sumatra Salat (canal en malais). Formosa Channel, Lyemoon Pass (Hong-Kong). — Van Diemen's Strait (Japon) et les petits passages de la côte niponaise (Seto, Nanjô).

Golfe. Golfe de Naples. Gulf of Bengal. — Varala (baie en Cingalais) Bunder et Bender (Arabe) avec aussi le sens de port, rade (Bunder Sheik, Bunder Hokat près d'Aden. Bender Abbas (golfe Persique) Hong-Kong Road (Rade). — Tytam Bay. — Chinois, Haï-Wan. — Japonais, Ura, Iri-Umi.

Ile. Iles d'Hyères. Isola d'Ischia, de Capri, etc. Les Djezirah, Jezirat de la mer Rouge et du golfe d'Aden (Jezirat Perim, Salil, Denafah (île ronde). Diva (Indou) dans Laquedives et Maldives, Ceylon Island. Les Poulo Malais, Poulo Jarra, Condor, Sapata. Les Haï Tow chinois et les Sima Japonais (Oosima, Takesima, Tsuya Sima, Hebi Sima, ou grande Ile, Ile à pic, Ile qui a un port (tsu), Ile des Serpents etc, etc.

Rochers, *récifs* etc. se nomment Pietra en Italien, Pedra en Portugais (Pedra Branca, l'écueil blanc) Baton, Batn en Malais, Terch en Arabe, Iwa, Muné en Japonais, Rock, Reef etc. en Anglais.

Le ventre d'un Paquebot de Chine

Que faire à bord d'un long courrier à moins... que l'on ne mange ! on dort peu, on dort mal, on s'ennuie ; l'air iodé creuse l'estomac, aiguise l'appétit ; alors chacun trouve naturel de se mettre à table.

Au lever, petit déjeuner, chocolat, thé, café au lait. A 9 h. 1/2, grand repas, hors-d'œuvres, 4 plats, desserts, Marsala, café cognac. A midi 1/2, lunch appelé tiffin, viande froide, thé ou bière. A 5 heures, grand diner, 5 plats, pâtisseries, glaces, desserts. A 8 heures, thé, gâteaux secs. — Toute la journée, citrons, limonade, eau glacée à discrétion. On mange, on boit, et finalement l'on a toujours faim, toujours soif. Cruelle énigme !

Vous pensez, amis lecteurs, si la charge du Maître Coq et de ses aides est une sinécure ; pour achever de vous les rendre intéressants, je vous dirai qu'en sus du service des passagers et de l'Etat major, détaillé plus haut, la cuisine doit assurer : à 7 h. 1/4 matin, le repas de 2 timoniers et 2 hommes de barre ; à 8 heures, celui de tout l'équipage ; à 8 h. 1/2, de 2 chauffeurs ; à 10 h., 2 seconds maîtres ; à 10 h. 1/4, 4 chauffeurs ; à 10 h. 1/2, les premiers chauffeurs et les maîtres ; à 11 h. 3/4, 2 timoniers et 8 hommes prenant le quart de midi ; à midi le reste de l'équipage ; à midi 1/2, 2 timoniers et 8 hommes sortant de quart ; puis le soir, à 4 h. 1/2, 2 chauffeurs, 1 premier chauffeur ; à 4 h. 3/4, 8 hommes ; à 5 h. 1/2, 4 timoniers, 2 seconds maîtres et 7 hommes ; à 6 h. 1/4, 4 chauffeurs et 4 maîtres, etc ; à 7 heures, les cuisiniers, le cambusier et l'économe.

En voyage normal, avec 100 passagers, 90 hommes d'état-major et d'équipage Européen, 70 chauffeurs et boys arabes ou chinois, soit *260 personnes* environ à nourrir, la consommation journalière avait déjà une certaine importance ; voici quelques chiffres approximatifs :

Viandes, 490 kil. en 6 jours (1 bœuf, 1 veau, 7 moutons et 40 kil. lard).

Œufs, 250 à 300 par jour, 500 le jeudi et le Dimanche, supplément à l'équipage.

Farine et pain, 200 kil. farine tous les 5 à 6 jours soit env. 420 kil. pain.

Biscuits de mer, 6 kil. par jour.

Vin de chambre, 60 à 75 litres par jour.

Vin d'équipage, ration 3/4 de litre par jour, environ 200 litres tous les deux jours, personnel et passagers de 3me classe.

Poisson frais, 10 kil. par jour.

Poisson salé, pour les Arabes et Chinois, 12 kil. tous les 3 jours.

Vinaigre et Huile, 6 litres par jour.

Sucre, 7 à 8 kil. par jour.

Chocolat, 1/2 kil. par jour.

Café, 3 à 4 kil. par jour.

Pommes de terre, 50 à 60 kil. par jour.

Riz de Chambre, 6 kil. par jour.

Riz d'équipage, 35 à 40 kil. par jour spécialement pour les indigènes.

Légumes secs divers, 15 kil. par semaine

Fromages, 3 à 4 kil. par jour.

Beurre conservé en boîtes, 4 à 5 kil. par jour.

Conserves diverses, très variable selon les menus ; signalons les truffes dont on consommait 2 grosses boîtes tous les dix jours.

Volailles, poules, dindons, canards, gibier etc., 20 par jour en moyenne.

Légumes frais, suivant les ports et les saisons, etc., etc.

Je ne continuerai pas ces détails, à la longue fastidieux, mais je crois intéressant encore de donner un aperçu des ravitaillements particuliers pris dans chaque escale entre Marseille et la Chine.

Naples nous fournissait des fruits et des légumes exquis, raisins, citrons, mandarines, melons, tomates aux teintes réjouissantes ; on s'y régalait de poissons frais et d'huitres excellentes qu'on nous vendait 5 francs le cent. Au retour d'Extrême-Orient, quand on avait tâté des conserves pendant près d'un mois, c'était vraie et franche ripaille ; de Naples à Marseille, les passagers faisaient bombance et vite oubliaient leurs réclamations de la Mer Rouge. Un des clous du déjeûner était le service des œufs à la coque ; chacun les humait avec lenteur et respect ; à la saison des fraises, succès encore plus vif auprès des Coloniaux qui avaient perdu depuis plusieurs années la saveur de ce fruit délicieux.

A Port-Saïd, les provisions laissaient à désirer ; poisson douteux, œufs encore plus incertains, légumes coriaces, volailles étiques ; les figues fraîches seules étaient assez bonnes. Ici, l'oriental « roublard » entre en scène et le Commissaire à besoin de surveiller.

Suez. Approvisionnement restreint ; on y prenait le poisson sec pour les indigènes.

Aden, voisin de Moka, nous fournissait le café ; on y achetait aussi le Ghee, graisse de chameau pour la cuisine des Arabes ; le surang en goûtait un échantillon avant de ratifier et de payer l'achat. Autres provisions : des petits moutons à tête noire coûtant bon marché, 6 roupies, mais ne rendant guère plus de 13 à 14 kilos de viande ; des cailles assez grasses, et du pourpier comme salade fraîche.

Point de Galle et Colombo. Nous voici dans le pays des fruits exotiques, oranges vertes, mangues à l'arrière goût térébenthiné, bananes fondantes, ananas carminés fiers de leurs pompons, mangoustans dont les tranchettes blanches à l'intérieur rafraîchissent exquisement les lèvres. Comme légumes nommons les choux palmistes, jeunes cocotiers qui, dépouillés et découpés en menues parties, donnent une salade aussi fine qu'originale ; souvent nous en faisions des conserves appelées à Pondichéry des Achards. — La viande et la volaille étaient très inférieures ; on trouvait cependant de petits porcs de lait d'excellente qualité. Ici, renouvellement de la provision de Karrik (Curry), condiment nécessaire pour les plats de riz, fin de déjeûners.

A *Singapore*, mêmes fournitures ; on achetait de préférence à cette escale le poivre, les épices, clous de girofle, noix muscade, et le charbon de bois en paniers de 100 livres anglaises, excellent et bon marché.

Saïgon, colonie française, nous procurait quelques légumes plus fins que ceux de l'Inde, mais encore faible imitation de nos produits Français, (aubergines, concombres, petites asperges, radis, haricots verts, tomates). La volaille et le gibier (sarcelles, perdreaux) y étaient assez bons. Fruits, les bananes, les petits citrons, mangues, oranges du Cambodje très juteuses, ananas. Achat important de riz et de paddy, (paille de riz, pour bestiaux, poules etc).

Hong-Kong, approvisionné par les marchands et cultivateurs chinois, nous apportait déjà des qualités supérieures comme viande, volailles et légumes ; ce qui prédominait comme beauté, c'était le poisson, toujours très frais, sautillant, admirable de couleurs depuis le rouge sanglant, les bleus de ciel jusqu'au vert d'algues rocheuses ; les langoustes étaient très tendres, ainsi que les crevettes. Pommes de terre superbes de parfaite conservation. Fruits, kakis rouges, Leichis frais et secs, oranges, mandarines, bananes, poires tin-hièns, mangues de Manille, pommes de Californie, marrons. On achetait aussi le sel gros et fin, les confitures de gingembre, les cum-quats, la cassonade de Formose, le thé de chambre.

Shanghaï, le principal port terminus, était le grand marché, le pendant de Marseille pour les grosses provisions du voyage de retour. Nous y prenions du bétail vivant, bœufs et moutons, veaux et agneaux, quantité de volailles et canards, des faisans, grives, bécasses, sarcelles, cailles, quelquefois du chevreuil et du sanglier, des tas de légumes frais aussi bons que ceux de France, plusieurs milliers d'œufs ; les fruits rappelaient notre vieille Europe, prunes, pommes, pêches, abricots, poires, raisins.

Le thé d'équipage nous était vendu par le fournisseur,
Ken-wah, chinois Chrétien ; celui des passagers par l'A-
gence qui en avait constitué un dépôt. C'est à Shaï aussi
qu'on remplissait les glacières.

A Yokohama, le ravitaillement se faisait de même façon, avec les mêmes produits ; bon poisson, bonne viande.

Confession finale

Au bon lecteur qui voulut bien me lire
J'offre en sincérité mes chauds remerciements,
Car s'il consent à ne point trop sourire
Devant tous ces récits un peu incohérents,
C'est qu'il aura cuirassé sa poitrine,
Tel l'ancien matelot, d'un double et triple airain.
Avec la mer bleue, maussade ou câline,
Mon style est emballé, changeant, gai ou chagrin,
Reflet déjà pâli d'une jeunesse
Désabusée un jour, après férue d'ardeurs,
Age naïf que la vie intéresse,
Dont la nature attire, excuse les candeurs.
Semblable, ma plume, au petit navire
Qui gentiment apprit si vite à naviguer,
Elle a vu du pays, mais..., chose pire,
La pauvre ne sait plus, comme lui, naviguer !

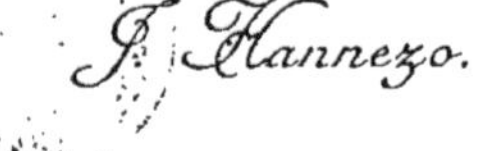

Imprimerie LIEVENS, Bellême (Orne)